新编中等职业教 旅游类专业 系列教材

现代酒店服务意识

（第2版）

主　编　韦明体　周令芳

副主编　胡晓君　唐　文

重庆大学出版社

内 容 提 要

本书主要针对旅游、酒店及其他相关服务行业的从业人员，以及学习服务类专业的学习者编写。通过对服务、意识、服务理念、酒店服务意识和技巧、疑难问题处理等方面的深入分析和探讨，使学习者在服务意识的认识方面得到新的启发，在理解方面得到新的领悟，从而树立正确的服务观念，强化服务意识，提高服务技巧，感悟服务的乐趣，创造一个企业、社会、宾客之间和谐共赢的良好局面。

本书既可作为中等职业教育旅游类专业的学生教材，也可作为酒店从业人员培养服务意识的专用培训用书。

图书在版编目(CIP)数据

现代酒店服务意识/韦明体，周令芳主编.—2 版.
—重庆：重庆大学出版社，2016.6(2024.8 重印)
新编中等职业教育旅游类专业系列教材
ISBN 978-7-5624-9771-4

Ⅰ.①现… Ⅱ.①韦…②周… Ⅲ.①饭店—商业服务—中等专业学校—教材 Ⅳ.①F719.2

中国版本图书馆 CIP 数据核字(2016)第 106642 号

新编中等职业教育旅游类专业系列教材

现代酒店服务意识

（第 2 版）

主　编　韦明体　周令芳
副主编　胡晓君　唐　文
责任编辑：马　宁　版式设计：马　宁
责任校对：贾　梅　责任印制：张　策

*

重庆大学出版社出版发行
出版人：陈晓阳
社址：重庆市沙坪坝区大学城西路 21 号
邮编：401331
电话：(023) 88617190　88617185(中小学)
传真：(023) 88617186　88617166
网址：http://www.cqup.com.cn
邮箱：fxk@cqup.com.cn（营销中心）
全国新华书店经销
重庆正文印务有限公司印刷

*

开本：720mm×960mm　1/16　印张：9.75　字数：170 千
2016 年 6 月第 2 版　2024 年 8 月第 10 次印刷
印数：14 501—15 500
ISBN 978-7-5624-9771-4　定价：29.00 元

现代酒店业竞争的决定性因素,不在于物,而在于人,在于员工素质的高低。而员工素质的首要因素便是员工的思想意识。进入 21 世纪以来,面对酒店行业的统一大市场,酒店业的竞争已日趋白热化,优胜劣汰、弱肉强食成了一种趋势。酒店要想在激烈的竞争中求生存、求发展,就必须重视员工队伍的培养建设,重视基层服务人员的学习塑造。纵观假日集团、希尔顿集团等著名酒店企业,它们之所以能成为百年老店、酒店巨人,关键在于重视管理与服务人员的塑造和培养,重视员工的学习提高和意识再造。假日在全球建立了多家"假日大学",希尔顿建立了自己的"希尔顿酒店管理学院",人才培养,特别是基层服务人员的培养,在这些集团中都得到了高度重视。有了满意的员工,有了满意的顾客,有了一流素质的服务人员,酒店创造了一流的服务与文化。员工队伍绝不是单纯的基层服务群体,而应该是一支不断学习、不断进取的队伍,一支具有市场意识、竞争意识和服务意识的队伍,一支具有成本、环保、创新和服务意识的队伍。

作为酒店的员工,可以说服务是基础、服务是灵魂,服务是酒店中最容易做好,又最难做好的工作。酒店给客人提供的最重要的产品是服务,而服务这种产品,一旦提供给客人的是劣质的、不合格的、不满意的,那将是永远无法更换和改变的。它不但影响酒店的声誉与形象,而且也表明服务人员的服务技能、服务质量的不合格。21 世纪,酒店业的竞争将主要体现在服务的竞争上,需要服务人员把优质服务作为酒店生存发展的关键所在,牢固树立高度自觉的服务意识、强烈主动的服务态度,搞好对客服务的一切工作。

本书作者分工如下:云南旅游职业学院韦明体(全书第一主编,统稿定稿,编写第 1 章);云南旅游职业学院周令芳(全书第二主编,负责统稿和修订,编写第 3 章和附录);湖南省张家界旅游学校胡晓君(副主编,编写第 2 章);湖北省旅游学校唐文(副主编,编写第 4 章);四川省旅游学校杨晓琳(编写第 5 章)。

作为本书的作者,我们衷心感谢广大读者对第 1 版的厚爱,同时感谢对修订版本提供各种帮助的单位和个人。真诚地希望此书对酒店和职业院校进行服务意识教育提供帮助。但由于时间紧迫,不当之处在所难免,在此,诚请读者批评指正。

编　者
2016 年 2 月

第1章 服务与意识

【本章导读】

服务是酒店生存的命脉,意识是服务好坏的首要问题。做好服务工作,有必要正确理解服务和意识的内涵,正确理解服务意识对服务工作的重要意义。本章主要介绍服务和意识的基本概念、意识的形成和意识的作用等方面的知识。

【关键词】

服务　意识

【案例导入】

一个学者住店的感受

8月初的一天,我出差到深圳参加一个学术论坛,入住深圳最繁华地段的一家豪华商务酒店。店内装饰温馨典雅,来往这里的客人都是些尊贵儒雅的商界名流、政府显要,参加此次论坛的人员也就是来自世界各地的高层人物,大家都非常注意自己的仪表言行。

入住的当天下午,办完手续刚进房间,就有会议负责人约我去见一些业界同行,我急急忙忙洗了把脸,用面巾纸擦了几下就走出了房间,到楼下碰头。走廊里,一位客房服务员看见我,热情地向我点头微笑问好,问好后的余意好像要说些什么。我已经顾不上服务员要说什么了,就走进了电梯。下了电梯,会议负责人就迎上来,看了一眼我的脸,热情地跟我握手,然后要去给我引见新朋友。这时迎面朝我走来一位穿制服的酒店管理人员,同样热情地向我点头微笑问好,边问好边用左手有些不合时宜地擦了一把左脸,并顺势抚了一下本来就很平滑光亮的头发,同时两只眼睛带着微笑地看着我。我的心里咯噔一下,顿时明白了什么,趁着朋友招呼其他客人的间隙,我也顺势擦了一把左脸,并抚平了湿湿的有些上翘的头发,收回手时发现手里有两团面巾纸片,突然我就被一种默无声息的关怀感动了,油然而生一种非常亲近的温暖,大概这就是别人常说的"家外之家"的感觉吧。从客房服务员在楼层走廊里看到我,到我从电梯里走出来,迎面就有酒店管理人员那么及时和自然的暗示,真让我叹服酒店服务的信息传递和

协作服务的技巧,服务的最高境界大概也就是这样吧,让一份感动悄无声息地滋润你的心田。

简评:

在这则看起来轻松自然、水到渠成的协作服务案例中,我们可以看到,良好的服务可以感动客人,创造一个和谐的宾客关系,让客人有宾至如归的感觉,为企业的经营打下良好的基础。服务既是一种规范动作,更是一种艺术技艺,它反映在工作人员的举手投足之间。同时我们也看到,服务人员素质的高低,所反映出的服务质量是不一样的,提高服务质量,就要从提高服务人员的素质开始抓起。

1.1 服　务

服务,在社会生活中可以说是无时不有,无处不在,酒店讲服务,商业讲服务,社会讲服务,政府也在讲服务。人们每天的起居、饮食、旅行、学习、工作和娱乐,无时无刻不在享受着他人提供的服务,而每个人的工作,也在为他人提供着直接或间接的服务。服务,就这样和人们的生活如影随形,密不可分——每个人都生活在各式各样的服务当中。

1.1.1　服务的含义

服务是我们这个社会中永恒的话题之一。随着市场经济的发展,市场竞争的激烈程度在不断加剧,产品也在不断地向同质化发展,服务越来越成为企业竞争的主要方面。有经济学家认为,我们已经生活在"服务经济"时代,每个人都在享受他人的服务,并且每个人也在为他人服务。

1)服务的定义

服务在《辞海》中的解释是"为集体或别人的利益或为某种事业而工作"。

经济学家认为,服务是在业务范围内,为了满足业务对象的需要,供方与业务对象相接触的活动和供方内部活动所产生的结果。

从定义可以看出,服务是一种人的工作,这种工作主观上不是为自己而工作的,而是为他人工作,为某种事业而进行工作。如警察在指挥交通,医生为病人看病,导游为游客讲解,酒店服务员为客人办理入住手续,这些工作都是在提供服务。

从服务的有关定义可以看出以下几层意思：

①服务的目的就是为了满足顾客的需要。顾客是指接受服务产品的组织或个人，顾客可以是提供服务组织的内部或外部的组织或个人。服务的中心是顾客，服务是针对顾客的需要来说的，这就是服务的基本内涵。顾客的需要是指顾客的社会需要，这种需要通常包括在服务的技术标准中，或服务的规范中，有时也指顾客的具体需要。顾客的需要包括在组织内的有关规定中，也包括在服务提供过程中。

②服务的条件是必须与顾客接触。这种供方与顾客之间的接触，可以是人员的，也可以是货物的。

③服务的内容是供方的一种活动。服务产生于人、机器、设备与顾客之间互动关系的有机联系，并由此形成一定的活动过程，这就是服务。

应该强调指出的是，服务是人与人之间的一种基本关系。随着社会分工越来越细，人们之间的交流与合作日益频繁，服务的重要性越来越突出，服务的内容越来越丰富，服务的领域也越来越广泛，人与人之间的相互依存关系就越来越深化。

人们都在生产所需的社会产品，但不能生产自己所需的全部产品，从而必须购买别人生产的产品才能得到充足的供应。也就是说，在现实生活中每个人都在为别人创造价值，同时也在享用别人劳动所创造的价值。其实，人们经常都在为他人服务，同时也在接受着他人的服务。农民种地生产粮食、蔬菜是在为非农业人员服务，而工人制造拖拉机、收割机、电动机、汽车、三轮车、化肥、农药等也是在为农民服务；建筑行业筑路、架桥、盖楼是为别的行业需要者服务，而纺织业、服装业、农业、钢铁工业等各行各业也在为他们服务；各行各业为酒店提供着各式各样的产品，而酒店提供住宿、饮食、会议接待也是在为他们提供服务。

因此，服务是相互的，人与人之间的关系就是服务与被服务的关系。每个人既是服务者，又是被服务者。"为人服务，低人一等"的认识是错误的。在社会中，服务多种多样，有直接的、间接的，有简单的、复杂的，有自觉的、不自觉的，有无偿的、有偿的。就一般意义而言，服务是平等的。各行各业的服务者，只是社会分工不同，没有高低贵贱之分。

酒店是特殊的服务行业，酒店员工是用产品或服务去为客人解决问题的人，对于服务的理解就更应该准确到位，以一种平等的心态对客服务，不仅态度不卑不亢，还要成为客人的参谋、教练或朋友。

2）服务的特征

服务是为他人提供的工作，在经济时代，我们称这种工作是在提供服务或提

供服务产品。服务这种产品与其他实物产品如农产品、工业产品比较起来,具有其相对的独特性。

（1）无形性

无形性同有形产品不同,服务在很大程度上是无形的和抽象的。在购买服务之前,它们常常看不见,摸不着,听不见,在宣传上很难让客人感觉得到。对服务产品的感受,客人往往是通过有限的宣传或者亲历者那里获得的。从这点上说,客人在购买服务产品时是有一定风险的,他对面临的服务是无法预料的。

同时,服务经常是一种后台的工作,服务是在无形之间提供给客人的,即使客人在分享过程中,他也常常感受不到服务的存在。

比如入住酒店的客人,当他进入房间之前,很多服务工作就已完成了,房间被服务员打扫得干干净净,物品被收拾得整整齐齐,气氛被营造得温馨可人,这些服务都是在客人到达之前完成的。当客人在住店过程中,他所得到的设施保障,安全保证,他常常也是无意感受得到。

（2）不可分性

不可分性也叫同时性,同一性。指的是服务的生产过程与消费过程同时进行,顾客只有加入到服务的生产过程才能最终消费到服务。也就是说顾客必须到了酒店,才能享受到酒店的服务,酒店工作人员在生产服务的同时,客人也在消费服务。

有形的工业品或消费品从生产、流通到最终消费的过程,往往要经过一系列的中间环节,生产和消费过程具有一定的时间间隔。而服务则与之不同,它的生产过程与消费过程同时进行,具有不可分离的特点,二者在时间上不可分离。

例如旅游者参加旅行社组织的旅游,游客只有在旅游过程中才进行消费;与此同时,作为产品的生产者旅行社来说,当游客正在旅游时也就是旅行社在为客人提供导游、住宿、餐饮等服务,他们同时是在进行生产活动。

生产和消费的同一性,服务质量是无法更改和更换的,一旦形成,客人就在消费。为此,要求工作人员在服务时,必须保证提供的都是优质的服务。

（3）差异性

差异性指的是服务不像有形产品那样有固定的质量标准,它具有较大的差异性。首先,服务依赖于人的工作,服务人员个人所受教育程度,包括性格、态度、技能上的差异,必然导致服务水平和服务质量上的变化,服务无法像有形产品那样实现标准化。

同时,由于消费者年龄、性别、性格、经历、文化背景等方面的差异,即使企业能够提供同样的服务产品,顾客在消费时,其评价也是不一样的,也就是说质量

也是不一样的。服务质量的好坏,更多地依靠服务人员的灵活应对,服务质量不可能制订一个统一的标准。

由此可以看出,服务水平和服务质量的高低完全依赖于员工的素质,提高服务人员的素质,是提高服务质量的关键因素。

(4) 不可储存性

由于服务活动的完成需要生产者和消费者双方共同参与,使得服务不可能像有形产品一样储存起来,以备未来销售。服务是一次行动,是一次表演,是一次经历,而不是顾客可以保有的有形物品,酒店为客人提供以后,服务即行消失,无法储存。例如,旅游者购买旅游产品后,旅游企业只是在规定的时间交付有关产品的使用权。一旦买方未能按时使用,他便需重新购买并承担因不能按时使用而给卖方带来的损失。对旅游企业来讲,旅游产品的效用是不能积存起来留待日后出售的。随着时间的推移,其价值将自然消失,并且永远不复存在。当新的一天来临时,它将表现为新的价值。无论是航空公司的舱位还是酒店的客房,只要有一天的闲置,所造成的损失将永远无法追补回来。

3)服务业

服务业与服务是两个既有联系又完全不同的概念。服务业的概念在理论界尚有争议。一般认为服务业即指生产和销售服务商品的生产部门和企业的集合。

从事服务产品的生产和经营活动为主的行业。它既为生产、生活(消费)服务,又为流通服务,同国民经济各个部门、社会生活的各个方面都有联系。在服务业内部,按照生产和经营的服务产品的不同,又分为各种不同的行业。如饮食业、旅店业、旅游业、理发业、洗染业、照相业、浴池业、修理业、信息业、咨询服务业等。

在国民经济核算的实际工作中一般将服务业视同第三产业。第三产业指的是在国民经济行业分类中包括除了农业、工业、建筑业之外的所有其他产业部门。包括:交通运输、仓储和邮政业,信息传输、计算机服务和软件业,批发和零售业,住宿和餐饮业,金融业,教育,卫生、社会保障和社会福利业,文化、体育和娱乐业等行业。

服务业与其他产业部门的基本区别是,服务业生产的是服务产品,服务产品生产的多是非实物的产品。

现代服务业是指那些不生产商品和货物的产业,主要有信息、物流、金融、旅游、会计、咨询、法律服务等行业。现代服务业大体相当于现代第三产业。国家统计局在1985年《关于建立第三产业统计的报告》中,将第三产业分为4个层

次:第一层次是流通部门,包括交通运输业、邮电通信业、商业饮食业、物资供销和仓储业;第二个层次是为生产和生活服务的部门,包括金融业、保险业、公用事业、居民服务业、旅游业、咨询信息服务业和各类技术服务业等;第三个层次是为提高科学文化水平和居民素质服务的部门,包括教育、文化、广播电视事业,科研事业,生活福利事业等;第四个层次是为社会公共需要服务的部门,包括国家机关、社会团体以及军队和警察等。

服务业是随着商品生产和商品交换的发展,继商业之后产生的一个行业。商品的生产和交换扩大了人们的经济交往。为解决由此而产生的人的食宿、货物的运输和存放等问题,出现了饮食、旅店等服务业。服务业最早主要是为商品流通服务的。随着城市的繁荣,居民的日益增多,不仅在经济活动中离不开服务业,而且服务业也逐渐转向为人们的生活服务。社会化大生产创造的较高的生产率和发达的社会分工,促使生产企业中的某些为生产服务的劳动从生产过程中逐渐分离出来(如工厂的维修车间逐渐变成修理企业),加入服务业的行列,成为为生产服务的独立行业。

1.1.2　发展服务业、提高服务质量的意义

服务业是世界发展的重要方面。目前,全球服务业占国内生产总值比重高达 60% 以上,主要发达国家达到 70% 以上,中低收入国家平均达到了 43% 以上。改革开放以来,中国的服务业也有了长足的发展,年均发展速度超过 10%,高于同期国内国民生产总值的发展速度,目前已经接近中低收入国家的发展水平。

1)发展服务业的意义

服务业是国民经济的重要组成部分,服务业的发展水平是衡量现代社会经济发达程度的重要标志。发展服务业是社会发展的客观需要。发展服务业,具有以下几个主要的积极作用:

(1)促进经济发展

这是发展经济的必然要求,服务业的发展,服务产品的增多,其结果必然会为社会增加物质财富,从而提高人民的物质文化生活水平。同时服务业的发展,又有力地带动了相关行业的发展。

(2)扩大就业面

服务业包括酒店业,都是劳动密集型的行业,吸纳劳动力的能力特别强,这是解决我国因人口众多和科技发展带来的剩余劳动力就业的一个重要途径。扩大就业面,必将促进社会的稳定和健康发展。

(3)促进产业结构的调整

加快发展服务业,提高服务业在三大产业结构中的比重,尽快使服务业成为国民经济的主导产业,是推进经济结构调整、加快转变经济增长方式的必由之路,是有效缓解能源资源短缺的瓶颈制约、提高资源利用效率的迫切需要。同时发展服务业既能加强生产与消费的联系,使产品顺利地经过流通到达消费领域;又能帮助消费者更好地利用产品,指导和扩大消费,加速社会的再生产过程,促进生产者和消费者相互了解,服务业在国民经济各个部门之间还起着连接和协调的作用。

2)提高服务质量的意义

(1)服务是企业竞争的主要手段

随着生产水平的不断提高,企业的复制能力越来越强,同一产品在性能、质量上的差异越来越少,企业在技术上的竞争空间越来越小。有形的机器设备、厂房、货币资本、产品等物质资源,企业往往很容易获取。为了生存和发展,企业不得不在服务上花大力气进行创新。售后服务,上门服务,星级服务,人性化服务,个性化服务,超值服务,等等,招数层出不穷,服务已是当今企业竞争采取的最主要手段。国内企业参与国际竞争,服务内容、服务水平、服务质量的差距是最大的差距,只有不断提高服务质量,才能真正提高企业的竞争力。

(2)服务是塑造企业形象的最好方法

企业的形象是企业竞争的重要资源,良好的企业形象,是企业管理追求的目标。搞好服务,是企业提高知名度和美誉度的最好方法。企业通过扩大服务内容,提升服务水平,提高服务质量,就可以建立企业的美好形象,缩短企业和客户之间的距离,增强企业和客户之间的亲和力,从而扩大企业的经营机会。

(3)服务是创造效益的最好途径

汤姆·彼德斯曾经说过:"无论处在哪一行业,实际上所有的优秀公司都把自己定义为服务性的企业。"也就是说,公司是社会的公众机关,所以其服务大众的作用是不变的,"只要把服务放在首位,利润自然会源源而来"。

提高效益是企业永恒的话题。扩大服务项目是扩大企业效益的最好办法。同时提高服务质量,也会直接地、间接地为企业争取更多的机会。

【案例分析】

吃阳春面的老者

有一位老先生经常到一家星级酒店的餐厅用餐,他从来都不点那些价格昂贵的菜,每次来都只让服务员给他上一碗阳春面。只是一碗面条的消费对于一个星级酒店的餐厅来说是没有一点儿利润的,甚至是赔本的。但是这家酒店并没有因此拒绝老先生的消费需求,每次服务人员都是热情相待。时间久了,服务员们和老先生之间建立了一种默契的友谊,没有人知道老人的真实身份,但是只要老人一来,服务员就会很快端上一碗热气腾腾的阳春面。

某一天餐厅接到了一个很大的订单,该市一家著名的大公司要定期来这里举办大型的客户招待酒会,这对于任何一个餐饮企业来说都是一个极好的消息。餐厅作了精心的准备,在招待会现场,该公司的董事长上台致辞。此时,所有的服务员惊讶地发现,原来经常来这里吃阳春面的老先生正是这家公司的董事长。

简评:

企业的生存需要赢利,许多人认为赢利主要是要依靠销售,其实不然。当客人感到酒店的存在就是为他们服务、满足他们的特殊要求时,酒店就获得了竞争的优势。酒店的服务水平越高,就会有更多的客户光顾,也会产生更多的忠实客户,酒店会相应获取更多的利润。

劣质的服务让客户远离企业,优质的服务才会赢得客人。

(4)搞好服务可以提升个人的素质

服务说到底是人与人之间关系的处理,在为顾客提供服务的过程中,自己的知识能力、心理素质、工作技能等综合素质也会在服务过程中不断地得到提升:

第一,做好对客服务工作有助于增加工作热情,得到对自身价值的肯定和认同,产生自豪感。服务人员在服务过程中,会接触到不同需求、不同层次、不同文化背景的客人,随着经验的积累,必然会提升自己的工作水平和能力,成功经验的不断积累,也会不断地强化服务人员的工作热情。

第二,有助于对客服务经验的积累,提高自身处理问题和解决问题的能力。服务本身就是工作的不断总结和改进,处理问题和解决问题能力的不断提高是事业发展的基础。

第三,有助于人际关系与沟通能力的提升。通过与不同层次的客人交往,可以增加服务人员的见识与胆识,增强人与人之间的沟通与交流能力,使工作变得更轻松、更快乐、更有意义。

(5)服务是传播文明的一种方式

服务人员是传播文明的使者。服务人员的服务工作,也是传播文明的一种方式。服务人员如酒店行业的服务人员,他们以自己良好的形象,得体的行为,优雅的举止,礼貌的语言,统一规范的服装,营造着高雅和谐的环境,在服务的同时也在影响人们的行为,为社会传播着文明的信息。服务人员优质的服务,必将带动社会生活中其他领域的文明建设。所以说,高质量的服务也是在传播一种文明,服务行业同样也肩负着向社会传播文明的责任。

1.2 意 识

德国一位哲学家说过:注意你的意识,因为她会变成你的言行;注意你的言行,因为她会变成你的习惯;注意你的习惯,因为她会变成你的性格;注意你的性格,因为她会变成你的命运。中国足球队前任主教练米卢先生也曾告诫过自己的队员:"态度决定一切",并把它印在帽子上,让队员们时刻铭记于心。中国社科院卢存岳教授也曾指出:"思路决定出路,思维决定行为",他们都在表达出一种观点,意识决定心态,意识引导行为,意识在人们的生活和工作中起着至关重要的作用。

有这样一则小故事:

三个砌墙工人在一起砌墙,他们虽然做的是同一件事情,但表情、动作都各自不同。第一个工人愁眉苦脸,动作缓慢呆滞;第二个工人面无表情,但动作有条不紊;而第三个工人面带微笑,嘴里还不时地哼着小曲,动作愉快而流畅。

这时有个人从路边经过,感到很诧异,于是走到他们身边,问第一个工人,说:"你在做什么?"这个工人没好气地说:"我在做养家糊口的事,混口饭吃。"

于是他转身问第二个人:"你在做什么呢?"第二个人头也不抬地说:"我在做最棒的石匠工作。"

这个人迷惑不解了,转身问第三个人。第三个仰起头来,欢快而大声说:"我在建一座美丽的教堂,这个教堂建成之后将是这里最大的教堂,当人们来教堂祈祷的时候,他们会记得这里有我的一份功劳。"

当这个人听到这里,已经完全明白了:同一件工作,心态不同,所表现出来的工作热情也不同。

10年后,故事又有了进一步的发展,第一个人在另一个工地上砌墙;第二个人坐在办公室里画图纸,他成了工程师;第三个人呢,成了前两个人的老板。

最终三个人不同的心态,决定了他们不同的命运。

意识就这样决定着我们的态度、行为,并影响我们的工作和人生。做好服务工作,要树立正确的服务意识,有必要对意识作相应的研究。

1.2.1 意识的含义

哲学家认为,意识是物质世界发展到一定阶段的产物,是客观存在在人脑中

的反映。而心理学家认为意识是指人以感觉、知觉、记忆和思维等心理活动为基础的系统整体对自己身心状态与外界环境变化过程的知觉和认识。也就是说，意识是人们对事物的一种认识。这种认识依赖于人的心理活动。

如人们对服务的认识，有些人认为服务是社会分工不同，本无贵贱之分；但也有人认为，服务工作低人一等，是伺候人的工作。这都是对服务的不同意识。

意识是心理反映的最高层次，是人类所特有的心理现象，包含人的情感和意志等方面。也就是说，人们对某个事物的认识不同，则对他的情感也不一样，采取的态度和行为也会有很大差别。认为服务是低人一等的，必然对服务工作产生厌恶等情绪，从而产生回避、推诿等行为，而认为服务是自己本职工作、应尽之义务的，对服务工作就会积极主动，对客人热情相待。人的意识就是这样支配和调节着我们的行为。

语言和思维是意识活动中的核心因素。也就是说人们的意识可以通过语言和思维感知到。

人们的行为受意识的控制和支配。根据对意识的感知和可控因素，意识可分显意识和潜意识。显意识指的是人们根据保持在人脑中的过去经验或信息，而可觉知的意识状况。潜意识是指蕴含在意识层之下的欲望、情绪等经验被控制和压抑而使个体在当时不觉知的意识状况。如服务员根据客人的要求进行服务，这主要是显意识作用的结果。而当服务员遇到突发事件采取行动时，则往往是潜意识控制的结果。

当我们的意识经过训练变成潜意识时，则我们的行为就会变成自觉的行为。

根据认识对象的不同，我们又把意识分为自我意识和对周围事物的意识。自我意识是指个人对于自身内心世界的有意识的反映。包括自己的感知、思考和体验、愿望和动机及客观事物与自身利害关系的反映，这种有意识的反映是借助于语词来实现的。对周围事物的意识是个人对客观对象和现象的有意识的反映，包括对事物和现象等的认识。

根据对事物认识的主体来区分，意识又可分为社会意识、群体意识、个人意识。社会对某一事物的普遍认识，称之为社会意识。某一群体对某一事物的共同认识就是群体认识，相对地个人对事物的认识就叫个人意识，由于社会、文化、背景等方面的差异，社会、群体和个人的意识往往也会存在差异，从而导致对事

物的看法、态度和行为上的差异。例如,对服务的认识,从业人员与非从业人员的认识往往有较大的差异。

1.2.2　意识的产生

1)意识的产生

意识是人脑的机能和属性,是社会客观存在的主观映象。也就是说意识产生于人的大脑,大脑是意识存在的器官。但这种主观映象具有社会性的特点,它是人类社会活动长期演化的结果,是人类社会活动在大脑中的反映。换句话说,只有人类的社会实践活动才产生了意识。

如人们对教师为人师表的认识,是对教师长期社会活动认识中逐渐形成的;而对企业赢利目的的认识,也是企业长期活动在人脑中的反映。

2)意识的本质

①意识是物质的产物,但又不是物质本身;意识离不开物质,但又不同于物质而具有精神现象的特征。意识是特殊的物质——人脑的机能。人脑是意识的物质器官。意识作为人脑的机能,是人脑在第一信号系统和第二信号系统基础上进行的精神活动。人脑只是思维的器官,并不是思维的源泉。

②意识是对客观存在的主观映象,是人脑对客观世界的反映过程,是对外界输入的信息不断加工制作的过程。例如当人们来到一家酒店,看到富丽堂皇的酒店大厅,听到动听悦耳的音乐,感受到服务人员彬彬有礼热情周到的服务,人们就能产生愉快的体验。这就是意识的过程。意识不仅可以反映外界刺激物的各种属性,如颜色、气味、声音、冷暖等,还能反映人体自身的变化,如心理感知。

③意识的结构和功能:意识本身是一个有结构的系统。从总体上看,意识并不等于认识。意识包含知、情、意三者的统一。知:指人类对世界的知识性与理性的追求,它与认识的内涵是统一的;情:指情感,是指人类对客观事物的感受和评价;意:指意志,是指人类追求某种目的和理想时表现出来的自我克制、毅力、信心和顽强不屈等精神状态。

如当人们具有优质服务的意识时,就会把提高服务质量当成自己的工作职责,并不断激发自己主动服务的动力,不断强化提高服务质量的毅力和信心,不断提高自己的服务水平,形成努力工作的精神状态。

1.2.3　意识对人的行为的影响

1) 意识是人们一切行动的内在动力

人们的行为受意识所支配,意识是人们一切行动的内在动力。例如,如果一个人的法律意识很强,他就会在社会生活中处处用法律来保护自己;如果一个人的交际意识强,他就会在生活中处处留心与别人的交往;如果一个人的服务意识强,他就会在服务工作中时时处处观察客人,推断客人的需要,捕捉服务的时机和切入点,从而为客人提供优质的服务。可以说有什么样的意识,就会有什么样的行为。

2) 正确的意识是人们正确行为的开始

应当指出的是,意识有对错优劣之分,他们对人的作用并不一样。正确的思想意识能够指导人们采取正确的行动,促进事物的良性发展;相反,错误的思想意识会引导人们采取错误的行动,对事物发展产生阻碍甚至破坏作用。服务行业包括酒店行业,就是要不断树立员工先进的、正确的、优良的服务意识,以达到良好的服务效果。

3) 意识的能动作用

能动性是指人们能动地认识世界和改造世界的实践能力和作用。

①能动地认识世界,意识对客观存在的反映,是一个积极能动的过程。人的意识按照一定的目的性和选择性,在实践的基础上,对大量感性材料进行分析综合、抽象判断,从认识事物的表面现象进而揭示了事物的内在本质和规律,预见事物的发展趋势。

②能动地改造世界,人的意识是在能动地认识世界的基础上,按照客观实际和客观规律,提出一定的目的、计划、办法等,指导人们进行改造世界的实践活动。

4) 意识对服务工作的指导意义

人们的意识决定了人们的行为,指导着人们的实践活动。人们对服务的意识决定着人们的服务思想和服务态度,指导着人们的服务工作。搞好服务工作,首先要有正确的服务理念。这种理念一旦形成,将决定着员工的行为,当然也就决定着企业的生存和发展。

人们的意识是社会实践的反映,也就是说人们正确服务意识的形成,完全可以通过学习、培训等实践活动加以培养。服务企业管理的一个重点,就是要使企

业全体员工拥有正确的服务意识,并形成强大的服务理念,推动企业做好一切服务工作。

〔案例讨论〕

一件白衬衣

一天下午5点多,我正在商务中心值班,看见电梯里走出三位客人,其中两位是日本客人,还有一位是北京客人孙先生,都是来自日资企业。

"小姐,我们需要你帮忙。"还没等我问好,孙先生就开口了。

"您有什么需要帮忙的,请讲。"

"有件衬衣,要叠一下,得专业一点。"

此时布草房的员工已经下班了,打电话到房务中心,她们也被难住了。怎么办呢? 不能让客人失望的,于是我决定一试。我先介绍客人去吃料理,衬衣暂放在我这里,这给我留下了很充足的时间。

"专业一点",我的理解是和刚买来时差不多。先从房务中心找了人帮忙,由于少了衬板,叠好后看起来扁扁的,效果不是很理想。我猛然想到了商场,也许那里的员工可以。于是就请商场员工和我一起叠,完成后我们觉得比较满意。

约过了2个小时,客人回来了。我解释了当时的情形,那位日本客人双手合十,表示非常感谢,并用日语很激动地说:"比洗衣公司叠得还要好,太感谢你们了!"

简评:

这只是一件很普通的小事,我从中得到两点启示。第一,超常服务。如果当时抱歉地婉拒客人,这就有失四星级酒店的服务水准。第二,合作意识。有时一项工作自己无法完成时,要请求有效的帮助,发扬团队优势来达成很好的效果。

就本案例来看,在缺少布草房专业工作人员的情况下,按客人的要求叠衣服是有点困难,但在商场人员的帮助下就很好地满足了客人的要求。由于酒店员工之间的默契配合,使酒店的服务得到了提升,相信客人下次还会选择这里的。

讨论:

1.超常服务是什么服务?

2.怎样进行团队合作?

本章小结

本章讲述了服务、意识的基本概念和含义,并对服务的意义、意识的作用进行了阐述,也说明了服务行业树立正确服务意识的意义。

复习思考题

1.什么叫服务？服务的特征有哪些？

2.简单论述搞好服务工作具有哪些意义。

3.什么叫意识？意识对人的行为有哪些影响？

4.服务行业为什么要树立正确的服务意识？

第 2 章
服务理念

【本章导读】

21 世纪的今天,服务无处不在。对企业而言,为客人提供优质服务的能力决定了企业的生存发展。面对无时不在的挑战和转瞬即逝的商机,不论是服务行业还是非服务行业,顾客的满意度永远都是第一位的。提高顾客的满意度,不仅需要员工的满腔工作热忱和高度的责任心,更需要通过树立优秀的服务理念来支撑和实现。

本章主要介绍了服务理念的含义,服务理念的发展过程,服务理念对酒店发展的重大意义,着重讨论了如何正确理解服务理念的问题。

【关键词】

服务理念　著名酒店理念　微笑　正确理解服务理念

【案例导入】

遗失的飞机票

那是 7 月的一天清晨,当值夜班员工小吴接到西餐厅的电话,称 1207 的王先生不慎将他的外衣忘在西餐厅。直觉告诉小吴,客人可能有什么重要的东西放在了外衣口袋。果然如他所料,口袋里有他的机票和身份证等重要物品,而机票上面显示的航班号就是当天早上 8 点的飞机。细心的小吴记得刚才为其提供行李服务时,客人坐的是店外的商务车,客人很可能还不知道自己将机票忘在西餐厅。若是等客人发现后,一定会误了当天的航班。等客人自己回来取机票吗?职责告诉他不能那样做。

小吴迅速来到票务中心,核查了客人的航班号及其起飞时间,现在离起飞时间只有 70 分钟了,再容不得一丝犹豫,把机票送到机场的路费已不是现时需要考虑的问题,能不能及时把机票和证件送到客人手中才是最重要的。小吴立即坐上出租车直奔机场,同时致电机场方面,要求他们协助工作,在大厅每隔 10 分钟播放一次寻人启事,若找到客人,请他们告诉客人不要着急,他的证件和机票正在送往机场的途中……

中午,小吴回来了,看着他疲惫和兴奋的笑脸,大家无比激动。据小吴说,王先生接过机票和证件时,热泪盈眶并感激得说不出话来!

简评:

"先利人,后利己。"这是金钥匙服务中的一条理念。服务员首先想到的应该是客人,把客人的利益放在第一位,急客人之所急,想客人之所想。他们给客人带来的不只是满意,往往还伴着惊喜。案例中表现出这样一种服务理念,"满意+惊喜"等于"优质服务"。也就是说以真诚付出、超出客人期望值为目标,创造最忠诚的客户。正是这种理念引导着酒店员工克服种种困难,取得了对客服务的一次又一次的成功!

2.1 服务理念概述

每个企业都会有自己的发展目标,而支撑、鼓励、引导员工努力去实现这个目标的就是信念。可以说,每一个成功企业的发展历程,也都是理想信念实施的过程。同样的,服务行业发展过程中,也出现了许多影响深远的服务理念。

2.1.1 服务理念的基本概念

所谓理念,通俗地说就是理想和信念。理念包含两个含义:一是追求目标;二是不断引导、激励员工实现这个目标的坚强意志。理念是人们精神的高级层次,它引导并支配人的行为意识,可以说理念决定着企业的精神面貌。

1)服务理念的含义

所谓服务理念,也就是从事服务工作的理念,是服务的理想和信念。它是企事业单位以顾客为导向,用文字表达,由单位公开传播,反映自身特点的服务主张和服务宗旨。服务理念表达了企业对服务的追求目标,是企业价值观、企业精神、企业经营哲学的集中体现,它渗透在企业的一切活动之中,是企业的灵魂所在。服务理念是支撑、指导、激励服务员做好服务的动力源泉。

2)服务理念的基本特征

服务理念具有顾客导向性、公开性、独特性等特点。

顾客导向性是指服务理念的制订一切要从顾客的需要出发,一切为顾客着想。这是服务行业最主要的特征。顾客导向性要求企业在制订操作程序、设计产品时,首先要考虑如何方便顾客,其次才是如何方便操作。

公开性是指服务理念一旦明确,即行公布,在企业内外进行广泛宣传。对员工而言,按照理念要求,树立坚定的信念,身体力行贯彻实施。在企业外部广泛传播,则是为了树立企业良好形象,确立企业的美誉度。

独特性指理念的确立要从实际出发,符合企业自身特点。理念一旦确定,即应保持相对的稳定,因而服务理念的确定应该经过认真的调查研究。

3)服务理念的组成要素

服务理念通常以语言文字等形式表现出来,它通常包含以下几个要素:

①目标(Goal),是指服务工作要达到的境界。如希尔顿酒店的宗旨是"为我们的顾客提供最好的服务",这里的"最好"是目标理念,它预先确定了希尔顿酒店在服务上应达到的标准,即"最好"标准。

②政策(Policy),是指服务机构在处理服务关系或配置服务资源时,所制订的有重点、有倾向性的方案措施。如半岛集团的目标经营市场为高端客源,所追求的目标客户都是那些高品位的顾客,也就是说是整个饭店客户群中消费档次属于金字塔塔尖的那一极少部分客户,因而集团经营的都是超高档酒店,这就有效地保证了其服务的规格。因此,尽管半岛集团是一家在国际酒店业较为著名的饭店管理公司,但它的加盟店在全球仅有八家。这就是政策理念。

③原则(Principle),就是服务机构在其行为中恪守的准则。如里兹·卡尔顿酒店的座右铭为"作为专业服务人士,我们以相互尊重和保持尊严的原则对待客人与同事"。相互尊重和保持尊严是他们的原则。

④精神(Spirit),就是服务机构的理想追求或指导思想。如金钥匙的人生哲学:在客人的惊喜中找到富有乐趣的人生。把工作当人生、当乐趣,正是金钥匙的服务精神。

4)服务理念的传播方式

服务理念可以采用标语、口号、广告、公关宣传、公司手册和工作人员等方式广为传播。在服务理念的传播方式中,工作人员的言行最为重要,因为工作人员是服务理念的倡导者、执行者,他们的言行更能准确地传播和演绎服务理念;工作人员是服务理念的人格化、榜样化,是活的服务理念,他们的言行可以使抽象的服务理念具体化、形象化,从而使服务理念更容易被机构内外所了解和接受。

5)服务理念的功能

现代的服务理念一般具有两大功能:

第一,鼓舞士气。处于酒店业竞争白热化的今天,酒店员工的忠诚度和流动

率发生了根本性的变化,服务理念能够树立真正的挑战和目标,以团体理念容纳许多个人目标,使员工充满活力,在自我奉献中形成共同追求卓越的凝聚力。

第二,引导决策。优秀的服务理念能引导决策者在对客户提供服务的同时,妥善处理繁杂的技术问题,甚至在遇到争议时,服务理念被引用为"宪法",使业务主管的日常决策不致偏离方向。

21 世纪的今天,产品同质化现象日趋严重,酒店业竞争已处于白热化,一个酒店的成功主要取决于酒店的管理水准和服务的理念,"服务无止境、想宾客之所想、急宾客之所急",一直是酒店业管理者不停探索的服务要求。"要么不做,要做就要做到最好!"为宾客提供优质服务、规范服务已不是什么新鲜话题了,谁能取得宾客的认可,谁就是今天的赢家。

2.1.2 服务理念的产生与发展

住宿业是随着旅行和旅游的发展不断演进的。在我国,像"宾至如归"这样的酒店服务理念词语在《左传》中就已使用,这恐怕是历史上记录的最早的服务理念了。但由于历史及世俗的因素影响,在泱泱大国的千年文明史上,很难追寻到中国杰出的酒店业代表。纵观国际酒店业的发展历程,早期由于绝大多数外出者都是徒步或乘公共马车旅行,参加旅行的人数十分有限;分布于大道沿线和主要城镇中的客栈、客店,向旅行者提供的也只是食宿等一些基本的服务;客栈、客店并没有专门的服务人员,服务的内容和方式则完全来源于生活经验,因而难于形成影响深远的服务理念。

1829 年在美国波士顿落成的特里蒙特酒店,开始了现代化的第一步,管理与服务开始分离,成为现代酒店的代表。但因为仍然处于经验管理的阶段,并没有形成独到的服务理念。而在 19 世纪后期的欧洲,伴随着贵族饭店的兴起,酒店服务有了创新,产生了许多服务经营哲学。其中被誉为"旅馆之王"的里兹(Ritz)提出了"客人永远不会错"(The guest is never wrong)的著名理念,这被认为是酒店业的第一个著名理念,至今仍然被酒店行业所沿用。在当时,里兹把法国特有的现代豪华的环境和欧洲式服务与饮食完美地结合,在欧洲的豪华饭店业中掀起了一场革命,对豪华酒店业的发展产生了深远的影响。

20 世纪初期,随着工业化时代的来临,产业化蓬勃发展,大规模生产的一个永恒的原则是向市场生产标准化的产品,因而无论是工业还是服务业都步入了"标准化"时代。在美国出现了一位叫斯塔特勒(Statler)的酒店业业主,他凭借自己多年从事酒店业的经验和对市场需求的了解,立志要为一般商务旅行者提供他们所能负担的舒适、方便、清洁、卫生、物有所值的标准化服务。1908 年他在美国巴法罗设计建造了第一个用他的名字命名的酒店。这个酒店在建造、经营、服务等方面有了许多创造，让人耳目一新。他将浴室设在客房，价格也相当便宜，这成为今天标准客房的基本结构。"一个房间一个浴室，一个美元零五十"这实在是前所未有、闻所未闻。他还亲自制订了《斯塔特勒服务守则》，并且总结出了"对于任何饭店来说，取得成功的三大要素是地点、地点、地点"的经营原则；在服务人员与客人之间的关系上，他提出了"客人永远是对的"（The guest is always right）的至理名言，成为指导酒店服务的又一影响深远的理念。这个理念和里兹（Ritz）先生所倡导的"客人永远不会错"的理论具有异曲同工之妙，可谓"英雄所见略同"。这个经营法宝至今仍然受到酒店业主们的推崇恪守。斯塔特勒先生后来被公认为现代酒店业的创始人。

受斯塔特勒先生的影响，以后许多被誉为"左右世界酒店发展进程的人"的酒店管理人士，如希尔顿（Hilton）、喜来登（Sheraton）、威尔逊（Wilscn）等，也十分注重服务理念的创新，并且也都提出了一些独到的、个性鲜明的服务理念。例如，希尔顿（Hilton）先生晚年在他的著作《宾至如归》中提出了"微笑服务"的理念；喜来登（Sheraton）先生提出了"在喜来登饭店里，小事不小看""物有所值"的理念；威尔逊（Wilson）先生提出了"一切为顾客着想"的理念，等等。这些服务理念的产生对现代酒店业的发展无疑起了推波助澜的作用，在把标准化、规范化服务作为优质服务标志的年代，他们成了酒店业竞争取胜的法宝。

随着科技进步、经济发展和生活水平的提高，市场需求统一化逐渐解体，市场多元化，需求多样化、个性化的趋势日渐增强并逐渐占据统治地位。在最近的二三十年时间里，建立在标准化基础上的大规模生产，遇到了越来越强烈的挑战。对市场的变化各行各业做出了积极的回应，他们开始向消费者提供多样化的产品以满足他们越来越多的个性化要求。酒店业中，Ritz-Carlton 集团率先采用了大规模定制经济的经营概念：集团为全球所有 Rtiz-Carlton 酒店建立了一个大型数据库，这个数据库用来储存多达 50 万客人的信息。每个酒店通过访问这个数据库都可以了解客人的信息，包括客人的爱好甚至是怪癖，酒店根据这些信息提供了更加个人化的定制服务，这就是大多数酒店所效法的人性化、个性化、定制化服务理念的由来。

酒店服务理念随着社会经济的发展、管理思想的更新和科学技术的进步不断发展变化，然而万变不离其宗，服务理念实质上是沿着顾客需求的轨道而发展变化。从传统的酒店标准到现代的酒店标准，到酒店标准与"个性化"的结合，体现了不同的经济发展阶段酒店服务理念的演进，同时也是对不同阶段顾客需

求的生动说明,它们都在特定的历史时期为酒店管理和服务顾客作出了积极的贡献。无论是假日集团、希尔顿集团,还是喜来登集团,其在全世界范围内的迅猛发展,无不在于其蕴藏着先进的酒店服务理念,而且这个服务理念的核心价值无一例外,都是以顾客为导向来确立的。当前,酒店业进入了一个新的经济发展阶段,顾客需求发生了新的变化。优质的服务已经从标准化提升到针对不同客户需求的一对一的个性化服务。服务理念只有个性化、差异化、多元化才能真正做到人性化。

酒店服务需要正确的、全面的、先进的服务理念来引导。目前,用多种方式超越客户期望的服务理念,已经成为多数酒店的共识。在这种服务理念的指引下,现代酒店服务不再是单元的、单向的服务,而是多元的、多向的、多阶段的服务。酒店在开展服务和经营时,不仅依靠自己对客户直接的了解,而且根据客户需求的发展变化,灵活地调整酒店的服务理念和服务方式,想方设法来超越客户的期望。当前,几乎所有的世界 500 强企业都依靠多种方法来超越客户的期望,这些企业在生产、销售、服务中无不渗透着多元服务、多阶段服务的理念,无不渗透着兼顾顾客、社会、企业利益的多方向服务的理念。事实证明,那些只为客户提供简单的、暂时性、单元性服务的企业必将在激烈的竞争中惨遭淘汰。

2.1.3　当代著名的服务理念

服务是饭店的形象之本,服务是饭店的竞争之道,服务是饭店的财富之源。这些观念已被越来越多的饭店所认同。在提倡个性化服务的当今世界,单一的、千篇一律的服务理念已经适应不了飞速发展的酒店业,在服务和产品日趋同质化的今天,酒店已经越来越重视服务的品质,提倡用先进的服务理念打造优质的服务,以期在顾客心目中树立一个熟悉而又鲜明的服务形象。

现代酒店业所倡导的优质服务是要在为客人提供服务时,超出客人的期望值。因而有的人也称这为超值服务。酒店的服务对象是客人,酒店服务的最终目的是让客户这种无形的资源转化成有形的物质资源。这就要求企业在制订服务理念时,坚持以客户为中心、以客户为导向的基本原则,要根据本地的具体情况和自身企业的特点和优势而制订。

除以上介绍的以外,当今酒店业在发展过程,也出现了一些更具人性化、个性鲜明的服务理念。比如香格里拉大饭店(SHANGRI-LA HOTEL)的服务理念是:"殷勤好客亚洲情。"香格里拉大饭店用亚洲人的情感占领了亚洲的旅游市场。香格里拉大饭店一贯恪守为客人提供优质服务的承诺,并把其经营与服务

哲学浓缩为一句话："由体贴入微的员工提供的亚洲式接待。"凯悦饭店（Hyatt Hotel/Hyatt International）的服务理念是"时刻关心您"，在凯悦，服务标准的连贯一致和尽善尽美同等重要。不同地区的凯悦饭店的建筑风格可能不一样，服务人员的肤色也可以有变化，但服务质量始终没有变，都必须达到规定的水平。凯悦各个饭店都在客人的舒适、方便上下功夫，特别注意细微之处的服务。

洲际酒店集团的服务理念是：每时每刻，体验非凡，以"做对的事、体现关爱、追求卓越、求同存异、协作共赢"制胜之道为行动载体，致力于广博见闻式地分享本地知识，为客人提供令人难忘、原汁原味、与众不同的丰富主题酒店文化亲身体验，从而开拓客人的视野，呈现非凡品位之旅。

雅高酒店集团的服务理念是"微笑创造未来"。雅高的酒店从经济型到豪华型，根据每一位客人的需要提供周到的服务。雅高精神是一门综合的艺术，它融合了历史的传统与现代的创新，增添了宽容、纪律、想象和热情，从而促使我们的工作达到一种高超的水准。

希尔顿酒店的服务理念是"你今天对客人微笑了没有"。希尔顿十分注重员工的文明礼仪教育，倡导员工的微笑服务。希尔顿酒店的创始人唐纳·希尔顿先生，他与酒店的服务人员接触，向各级人员（从总经理到服务员）问得最多的一句话，必定是："你今天对客人微笑了没有？"

雷迪森酒店管理三大经典理念："Yes I Can!" Attitude，"是的，我可以！"态度；Making It Right，尽善尽美；100% Guest Satisfaction Guarantee，百分之百顾客满意保证。

四季酒店的理念是"以人为本"，"以人为本"的一个重要体现就是高度保护客人的隐私权和对每一位客人平等的尊重。

"Whatever you want, whenever you want" 是"W"酒店（W Hotels）率先提出的客房服务新理念，即"无论您要什么，无论您什么时候需要"。这一全新的理念是酒店行业对"服务无止境"的最好诠释，同时，这一理念的提出，也是对高档酒店服务能力与质量的一大挑战。

杭州华美达酒店，始终秉承着"Leave the rest to us 将余下的交给我们"为服务宗旨。

北京东方君悦大酒店，该酒店理念为：创新开拓，群策群力，彼此关怀，鼓励成长，文化缤纷，以客为尊；服务特色为：关注细节，令三个客人满意（客人/员工/业主）。

广州花园酒店，"用心工作，以情待客"是花园人的服务宗旨。

深圳圣廷苑酒店，酒店全体上下围绕着以"全面顾客满意，顾客利益为

首"的经营理念,将"敢为天下先,尽心尽力尽责,不断为顾客创造惊喜,把圣廷苑铸就成酒店之精品"作为企业使命,通过创新及快速反应不断满足顾客多样化需要,发扬"全面顾客满意、团队精诚合作、绿色产品定位、合作方最优化联合、追求资产增值及崇尚高尚道德情操"的价值观,从而真正体现顾客宾至如归。

被称为世界住宿业的一枝独秀的法国地中海俱乐部,经营的范围从帐篷、平房旅馆、草房村到高级多功能度假中心,虽然设施、设备发生了巨大变化,但它所追逐的目标、经营的理念、经营的方式却没有多大变化。它一直坚持重独特求标新立异,重质量求永葆盛誉,重大众求创造幸福。在地中海俱乐部的词汇表中对"幸福"的解释是这样的:"尽管不是地中海俱乐部创造了这个字眼,但它一直把幸福当作自己存在的核心"。地中海俱乐部在其对外散发的宣传品封面上,醒目地印着这样一条标语"我们的天职就是创造幸福。"这种服务理念与当今盛行的快乐服务理念不谋而合。这些个性鲜明的服务理念使得这些酒店长期以来一直屹立于世界酒店之林。

除此之外,在当今酒店业中还有一些被世界顶级酒店所广泛沿用的先进的服务理念。实际上这些服务理念早已不再是顶级酒店的专利,早已成为酒店业的经典承诺。

1) 酒店金钥匙服务

金钥匙(CONCIERGE)是一个非常法国化的单词,通常被译为酒店里的"礼宾司"。1929 年 10 月 6 日,11 位来自巴黎各大酒店的礼宾司聚集在一起,建立友谊和协作,这就是金钥匙组织的雏形。1952 年 4 月 25 日,欧洲金钥匙组织成立,1972 年该组织发展成为一个国际性的组织,目前,国际金钥匙组织共有 34 个国家和地区参加,约有会员 3 500 人。

国际金钥匙组织的国际性标志为垂直交叉的两把金钥匙,代表两种主要的职能:一把金钥匙用于开启饭店综合服务的大门;另一把金钥匙用于开启城市综合服务的大门。也就是说,饭店金钥匙成为饭店内外综合服务的总代理。

国际金钥匙组织利用遍布全球的会员所形成的网络,从而使金钥匙服务有着独特的跨地区、跨国界的优势。酒店金钥匙的服务宗旨,是在不违反国家法律的前提下,使客人获得满意惊喜的服务。金钥匙提供的服务项目从代客订房、接站、订餐、安排旅游、购物、订票、送站,到托运行李,应有尽有,甚至如果客人需要的话,还可以订好下一站的酒店,并与下一城市酒店的金钥匙落实好客人所需的相应服务。

酒店金钥匙对旅游者而言,他们是酒店综合服务的总代理,一个可以信赖的

代理商,一个充满友谊的忠实朋友,一个解决麻烦问题的行家,一个个性化服务的专家。酒店金钥匙服务理念被誉为当今酒店业最先进的服务理念。这一理念包含以下内容:

①酒店金钥匙的服务宗旨:在不违反法律和道德的前提下,为客人解决一切困难。

②酒店金钥匙为客人排忧解难,"尽管不是无所不能,但是也是竭尽所能",具有强烈的为客服务意识和奉献精神。

③为客人提供满意加惊喜的个性化服务。

④酒店金钥匙组织的工作口号是"友谊、协作、服务"(Service Through Friendship)。

⑤饭店金钥匙的人生哲学:在客人的惊喜中找到富有乐趣的人生。

金钥匙服务理念的精髓是:

①先利人、后利己。这是价值观,只有具备全新的服务意识和先人后己的价值观才能做好酒店服务工作特别是金钥匙服务工作。

②用心极致,满意加惊喜。这是方法。它要求,所有宾馆酒店的服务人员和工作人员,都要全力以赴、竭尽所能地为住店宾客提供高质量、全方位、个性化的服务,不能有丝毫的懈怠。在竭尽所能为住店宾客提供高质量、全方位服务的同时,尽可能地让客人有超值享受的感觉,或者是额外的惊喜。

③在客人的惊喜中找到自己富有的人生。在客人的惊喜和满足中,在客人满意的眼神和赞许声中实现自己的人生价值,这是目标。

金钥匙服务理念具有相互统一的价值观、人性化的科学方法和共同的追求目标等特点,金钥匙们在为客人带来方便、欢喜和自信的同时,也给自己带来欢喜、自信和方便。金钥匙服务理念是金钥匙们长期实践和总结的成果,没有这个服务理念,就没有金钥匙的成功。

金钥匙服务理念给宾馆酒店带来了清新的服务理念和服务价值观,它对原有的服务思想和服务观念产生了强烈的影响和冲击,可以说:金钥匙服务理念是酒店服务的最高境界!是所有酒店人孜孜追求的最高目标,金钥匙服务是新形势下高星级酒店服务的新形式和新发展!

2)"100-'1'=0"

"100-'1'=0"这是酒店业普遍认可的服务原则。所谓"100-'1'=0",也就是在对客人服务的各个方面而言,只要有一项差错存在,即使各方面的服务都做得尽善尽美,也会使所有良好的服务都付诸东流,使服务的效果等于零。可以说,这是酒店长期发展经验教训的高度概括,许多很好的服务正是由一个小小的

失误,使酒店蒙受巨大的损失。服务工作无小事,许多酒店为克服服务中的失误,付出了巨大的努力,也收到了一定的效果。

然而酒店业的管理仅仅停留在避免差错这一点上是远远不够的。在这个理念基础上,有人进一步提出了"99+'1'=0"的服务理念。"99+'1'=0"表达的是,在酒店业的服务中,要把服务的 99 个方面和"1"个方面的工作都做好,这才是完美的服务。0 代表的是完美的服务。"99+'1'=0"服务理念也称为零缺陷服务。也就是为客人提供的应该是百分百的优质产品和服务,而不能向客人提供有缺陷的产品和服务。"99+'1'=0"服务理念的内涵包含了三方面服务与管理的含义,即"零缺点""零起点""零突破":

(1)"零缺点"管理

它要求酒店严格服务流程的管理,尽量避免出现差错,使酒店产品做到尽善尽美。"99+'1'=0"表达的是,在酒店业的服务中,即使 99 个方面的服务都做好了,但只要有"1"项没有做好,服务的总体效果仍然是零。

(2)"零起点"管理

它要求酒店不断提高宾客服务的满意度,"零起点"意味着对宾客的良好服务永无止境。在取得 99 分成绩之后,如果再取得"1"分成绩,就得到了 100 分。"99+'1'=0"表达式要求酒店把这 100 分当成"0",即新的起点,把完成一次优质的服务当成一个又一个新的起点。客人满意地离开酒店之际,正是新的优质服务开始之时,宾客满意度只有起点。

(3)"零突破"管理

它要求酒店不断创新,开拓发展。酒店各项内部管理工作都完成得不错,仅仅只做好了 99 项,还有一项发展创新的工作必须要做。酒店如果不能使客人感到常来常新,那么这个酒店总有一天会在激烈的市场竞争中被淘汰。"99+'1'=0"表达式中的"1"的含义是创新。"零突破"管理强调的是酒店全体员工必须有创新意识,有开拓精神,而不是一成不变。美国管理大师彼得斯指出,"不创新就等于死亡",创新是酒店生命的源泉。"零突破"强调了创新在酒店业的重要性。它要求酒店从观念、制度、产品、服务上都要有全新的理念去赢得市场。

"99+'1'=0"绝不是一个简单的口号或一个演绎的公式,而是要求企业时时事事提醒全体员工,要以满足市场需要作为酒店管理的出发点和落脚点。"99+'1'=0"管理思想的灵魂是没有市场等于零。也就是把"市场否决"的指导思想应用于酒店管理和服务的整个过程,以促使市场和酒店管理的紧密连接,提高酒店业的竞争力,追求酒店业最佳的经济效益。

3）微笑服务

这一理念是饭店大王希尔顿提出的，是希尔顿饭店长期创业、艰苦奋斗过程中逐渐形成的。

1907年，希尔顿一家因为生活窘迫开设了一家旅馆，工作十分辛劳。希尔顿说："当时我真恨透办旅店这个行当，真希望那个破旅馆早点关门。"他当时并没有想到，以后他会在全世界拥有200多座饭店，成为饭店大王。从十多岁工作开始，唐纳德·希尔顿差不多用了整整20年的时间在发展自己，塑造自己，在探索自己的成功之路。他靠着执着、热忱的精神和把握机会的能力，一次次从失败中站起，最终创造了希尔顿饭店王国，并形成了独树一帜的服务和管理风格。

（1）装箱技巧

希尔顿曾经梦想当一名银行家，但他的希望落空了。无奈之余，希尔顿在得克萨斯买下了属于自己的第一家旅店——毛比来旅店。由于这里发现了石油，人们蜂拥而至，扑向石油开采业。由于占尽了天时、地利、人和的有利条件，毛比来旅店生意兴隆，宾客常常爆满，床位和经营空间变得十分紧张。为了解决这一问题，希尔顿先是把餐厅隔成许多能够摆下一张床铺和一张桌子的小房间，然后把大厅的柜台截去一半，剩下的空间做成一个卖香烟、卖报纸的摊位，后又把大厅的一角腾出来开了一个小小杂货铺。这几项措施为希尔顿增加了大笔的收入。从此，"把浪费的空间利用起来"，"使每一块地方都产生出金子来"就成为希尔顿经营旅店的重要原则。这就是希尔顿所津津乐道的"装箱技巧"。后来希尔顿拥有了"最大的旅店"——华尔道夫·莱斯陀利亚大饭店以后，他发现大厅里四根巨大的圆柱纯粹只是为了装饰，完全没有其他功能，于是他又下令拆去圆柱，改装成许多小型玻璃橱窗，用来展卖各种化妆品和珠宝，这又为饭店开辟了一个收入来源。

（2）团队精神

第一次世界大战中断了希尔顿的事业，短暂的军旅生涯却给了他一个宝贵的启迪，那便是军队协同作战的团队精神。他认为，团队精神就是荣誉的奖励，就是集体荣誉感鼓舞下的团队和努力。企业单靠薪水是不能提高店员的热情的，唯有提升店员的团队精神才能极大地鼓舞士气，获得成功。团队精神极大地激发了员工的工作热情，所有的店员都像换了一个人似的，工作主动性明显提高，责任心明显增强。团队精神成为希尔顿成功的又一法宝。

随着事业的发展，希尔顿在社会上建立了良好的个人信誉，身边聚拢了一大批优秀的人才。他们的很多人既是希尔顿"帝国"的高级管理人员，又是希尔顿本人的亲密朋友。希尔顿认为"我的福气就来自他们"，对他们十分尊重，也得

到了他们的巨大帮助。不仅如此，除了对得罪顾客的员工十分严厉外，即使是对待一般工作人员，他也非常尊重，十分信任，放手让他们发挥聪明才智，大胆负责工作。希尔顿从不以貌取人，对同僚、下属，他都尽可能地了解他们的长处，发挥他们的才干。这种团结协作、充分信任下属的作风，为饭店帝国的成功奠定了良好的基础。

（3）微笑服务

员工是企业的最主要因素，顾客对员工的印象直接关系到企业形象的好坏，企业必须十分注重员工形象的塑造，必须高度重视员工的礼仪教育。作为一位优秀的经营者，希尔顿深知企业礼仪的重要价值，在他积极倡导下，希尔顿饭店创造了富有特色的企业礼仪——微笑服务。

在50多年的时间里，希尔顿经常深入分设在各国的希尔顿饭店了解情况，他向各级人员问得最多的一句话必定是："你今天对客人微笑了没有"。因此，无论在哪里，只要顾客走进希尔顿的旅馆，迎接他的永远是灿烂的笑脸。即使是在美国经济最为萧条、旅馆经营最为困难的年代，希尔顿饭店的服务员脸上也依旧挂着灿烂的笑容，这给酒店带来了越来越多的客人，使酒店渡过了难关。希尔顿曾经说过："没有服务员的美好微笑，饭店就好比是花园没有阳光，不会有一点生机。如果旅馆里只有一流的设备而没有甜美的微笑，那旅客还会喜欢酒店吗？假如我是旅客，我宁愿住进设备虽然陈旧却到处充满微笑的旅馆，也不会住进只有一流设备而见不到微笑的饭店……"由于希尔顿对企业礼仪的重视和教育，微笑服务成为了希尔顿饭店员工的重要标志。凭着微笑的利剑，希尔顿的饭店征服了客人，也征服了世界。

（4）把握时机

在经营过程中，希尔顿认识到，在通信、交通十分发达的时代，地球实实在在变成了一个村落。在这种时代背景下，饭店的功能发生了重大变化，饭店不仅要为顾客提供基本的食宿条件，更要为企业举行新闻发布、产品推介和集体集会等活动提供服务。为此，希尔顿对饭店构造及格局上进行了调整和改革，客房建得小巧、新颖、设施齐备，方便舒适。同时酒店开通了全球预订网络，客人只要住进希尔顿饭店，就可预订世界上任何一家希尔顿饭店的房间，这极大地方便了旅客，也给希尔顿饭店带来了极大的经济效益。

针对逐渐富裕起来的中产阶级的旅游热，希尔顿又在他们常去的主要城市，建立起了美国式的豪华饭店，让他们充分享受了最豪华的服务，极大地满足了他们的心理需要。当人们问起希尔顿经营成功的诀窍时，希尔顿露出所向无敌的微笑，意味深长地说："站在时代的前沿，这就是我的诀窍。"希尔顿从5 000美元

起家,饭店扩展到 200 多家,一个跨国越界、举世闻名的旅店王国的建立,正是其微笑服务理念价值的充分体现。

2.2　正确理解服务理念

俗话说:"观念决定行动,思路决定出路。"一个理念的定位差异,将会产生截然不同的结果。国外曾有两家生产马车的公司,一家公司的理念是我们要生产世界上最好的马车,而另一家公司的理念是我们要为消费者生产最好的日常交通工具。结果前者实现了使命,企业却破产了;而后者则发展成制造汽车的跨国公司。因而,酒店要想真正改善服务状况,提升服务价值,必须正确理解服务的真谛。

时代在前进,服务也在变化。服务行业不仅要让客人满意,同时还要以满意为基础,不断创新,提供个性化服务,提供满意加惊喜的服务,这样才会跟上时代发展的步伐。

进入 20 世纪 90 年代,酒店重新认识到服务质量才是酒店生存的关键,因而开始强调无差错的服务,强调酒店的最高目标是使顾客百分之百的满意。酒店为了打造有核心竞争力的服务产品,千方百计地提高服务品位,营造自身的服务优势。这些服务观念的提出,为酒店业带来了巨大的经济效益,也提升了酒店的服务品质。但同时,由于一些酒店过分片面强调质量管理,忽视了服务质量的核心价值,从而造成管理成本上升,也使酒店员工难以适应。因而正确理解现代酒店的服务观念,才是做好服务的根本。

2.2.1　对服务理念理解的误区

如果说顾客是酒店的生命,那么服务就是维持这种生命的血液。"顾客永远是对的""一切让顾客满意"等服务理念的提出没有错,对改善服务态度,提高服务水平起到了良好的促进作用,但酒店在运用过程中之所以出问题,是因为对这些理念的理解往往存在着许多误区,使服务理念变成了空洞的口号。

误区一:将西方经典的服务理念如"宾客至上""客人就是上帝""客人永远是对的"等奉若神明,一味照搬照袭,以为有了好的理念,一切问题就会迎刃而解。

进入 20 世纪 90 年代,越来越多的饭店管理者认识到,酒店成功的关键因素是宾主关系,即员工与顾客之间的关系。酒店作为典型的服务性行业,产品具有很强的可塑性,需要服务人员与顾客在接触中来共同完成。顾客在酒店的体验与经历,直接受到宾主关系、交往环境的影响。也可以说酒店产品质量是由服务人员与顾客共同决定的,因而宾主关系是酒店服务质量的晴雨表和决定因素。酒店宾主关系实质上是一种社会交换关系,通过服务,交换双方的成本与收益。对于服务人员,其收益是:展示个人能力与天赋,个性被认知,技巧受人羡慕和顾客的感激。其成本是:角色约束,个人努力与实际报酬相分离,个人兴趣、宾客期望与企业目标相冲突的风险和丧失尊严的可能。对顾客来说,其收益是:表现自己个性,受到个别对待,感到个人重要,展示人际关系上的优越性。其成本是:展示自我的支付,与服务人员沟通方面的努力,认识服务人员行为的努力和费用的支付。在交换过程中,当顾客与服务员供需互补,双方都得到超额价值时,这种双赢结局的酒店产品便是优质产品,而当双方都感到交换得不偿失时,便是劣质产品,处于二者之间即是合格产品。因此衡量酒店产品质量的标准应是宾主双方的满足程度,也就是社会交换过程的平等、自愿与互惠原则。

"宾客至上""客人就是上帝""客人永远是对的"等理念曾一度成为许多饭店制胜的法宝。但在实际的对客服务过程中,许多服务人员很难找准自身的角色定位,往往把自己当成是"上帝的奴仆",在这种纯顾客导向的指导下,意味着无论什么代价,只要是在合乎人情的范围内,就得满足顾客提出的要求。正是由于这样的认识,在对客服务活动中,就表现为对客人无原则的奉迎,使酒店和顾客之间永远处在不平等的水平线上,和谐的对客关系成了一句空话。虽然顾客的需要就是酒店的追求,但酒店也没有理由依据个别顾客的无理需求,调整服务的标准和服务的策略。

误区二:服务理念是一个思想认识,不需要相应的方法和技术来支撑。

对客服务确实需要正确的理论来指导,但同样不可或缺的是能够把理念变成现实的技术、方法和工具。作为系统的对客服务,必须是从战略、理念,到技术、方法和制度相互配套,形成一个完整的服务系统。就酒店目前的情况来看,服务理念的弱化和空白,在很大程度上是由于缺乏有效的服务技巧和方法的支撑,而有效的服务技巧和方法,永远是服务理念不可或缺的重要内容。酒店目前并不缺乏先进的理念,真正缺少的是与之相适应的对客服务的技术和方法。

误区三:服务越复杂,价值就越高,服务是越多越好。

这是最大的误区,是过度服务的充分体现。服务的核心在于提供超越客人期望的服务。但在更多的时候,酒店并不清楚什么服务能使客人超越期望。有些人把服务内容的多少作为衡量客户满意的标准,因而陷入了服务过度的误区。

服务过度说的是酒店提供了不为顾客接受、认可,或者干扰了顾客的正常活动,从而影响客人正常消费的服务项目、服务内容和服务方式,其实质是酒店提供的服务不为顾客所接受。从这一点上来说,服务过度是服务不足的另一种演化形式。"过犹不及",服务过度和服务不足一样会给饭店、顾客和员工带来负面影响,主要体现在以下几个方面:

①服务过度会直接引起酒店营运成本上升。

②服务过度会影响顾客在酒店的正常消费,降低顾客满意度。酒店的服务过度看上去是对客人需求的关注,事实上可能因提供的服务影响客人在酒店的正常消费,反而引起客人的不满、厌烦甚至抱怨,从而降低了顾客满意度,引起酒店客源流失。

③服务过度可能会吓跑潜在顾客。酒店外在的过度装修和服务过度(如过度推销),会使潜在顾客认为酒店存在欺骗,从而产生心理排斥,吓跑客人。

④服务过度一旦被客人投诉,可能会使员工在心理上感到不平衡、不理解、不可接受,从而使员工在以后的服务中无所适从,面临两难困境。

⑤服务过度造成的服务质量受损,一旦受到店方指责,可能会挫伤员工的工作积极性、主动性和创造性。

酒店中服务过度现象的发生,既有服务流程、服务规范和服务提供者方面的显性原因,更有服务本质、理念和文化等深层次的原因,对酒店服务理念和服务流程的片面理解和照抄照搬,是造成酒店服务过度的根本原因。有些人认为,能使客户满意的服务就是向客户提供无所不包、无限延伸的服务。在这种思想的引导下,酒店变成了无所不包的服务市场。

从科学的角度来讲,只有需求的适当满足才能够维持人自身在心理和感情上的平衡。因此,在给客人提供服务时,一定要给客人足够的空间,不要让客人对服务感到乏味。在对客服务的过程中最好要做到"服务有度",也就是距离有度、热情有度、防范有度。

2.2.2　正确理解服务理念

搞好酒店服务,必须准确理解"宾客至上""客人就是上帝""客人永远是对的"等服务理念。这是提高酒店服务水准,确保酒店正常运行,保障酒店、员工合法权益,首先要解决的问题。

1)宾客至上

何谓"宾客至上"?有人把它理解为"客人就是上帝","客人永远是对的",

这是有一定道理的。但由于服务行业片面的强调、过度的宣传和不当的教育,一方面无限制地提高了客人的期望值,致使有些客人以为在酒店就可以为所欲为,酒店必须委曲求全、一味忍让;另一方面则造成了员工的自卑心理,有些员工说,"客人是上帝,我们是奴隶","客人永远是对的,我们永远是错的"。因此,为了能提高酒店的服务水准,满足客人的正常需求,保障酒店及员工的合法权益,必须对"宾客至上"观念给予科学的界定。

何谓"宾客至上"? 实际上,就是把客人放在首位,把客人的需要作为服务活动的出发点,把追求客人的满意当作服务活动的宗旨,宾客至上关键在于读懂客人。

(1)宾客至上,客人是具有优越感的人

众所周知,客人是酒店的"衣食父母",这决定了宾客的主要地位。当客人步入酒店大门时,他们理应得到礼貌的微笑和热情的欢迎。这种优越的感觉,也使个别客人往往具有"上帝"的某些特征,表现为居高临下,发号施令,习惯于使唤他人。对此,要求酒店在提供服务时,对客人要像对待"上帝"一样,表现出尊重、关注和服从。客人永远是对的吗? 当然不是,服务的真谛恰恰只是:服务员要把对的让给客人。

(2)宾客至上,客人是来寻求享受的人

酒店服务并不是一种必需的消耗品,而是一种享受品。客人到酒店来支付高额的费用,目的是来享受的。因而酒店理应提供超过一般产品更好的享受服务,也就是说,从等价交换的角度上讲,酒店应向客人提供超标准的超常化服务。客人消费时,也深知这一点,只有这种期望得到满足后,顾客才会得到物有所值的享受。

(3)宾客至上,客人是最爱讲面子的人

爱面子,喜欢听好话是人类的天性之一。几乎所有的客人都喜欢表现自己,被特别关注。对此,酒店就是要用高雅的环境气氛和浓厚的服务氛围,为客人搭建一个"舞台",给客人提供充分表现自己的机会,让他们有显示其身份和地位的机会,让他们多产生优越感和自豪感,真正体会到"我是上帝"的感觉。

作为一名酒店从业人员,认识自己和自己所从事的职业,读懂客人,是十分重要的。酒店需要的是高雅、简朴、规范,高素质,德才兼备的综合型人才,酒店员工应为自己能胜任这份工作而感到自豪。

酒店的服务永远是以提高客人的满意度为最高准则。有这样一句歌词:你快乐,所以我快乐! 我们要说:客人满意,所以我们快乐!

（4）宾客至上的观念并不等于客人可以为所欲为

宾客至上，其实质是酒店必须把客人放在首位，即把客人的需要作为酒店服务活动的出发点，把满足客人的需要当作是服务活动的宗旨，但是这并不等于客人可以随心所欲，为所欲为。酒店与客人的冲突，有些是酒店服务未尽如人意，而有时则是客人找麻烦，甚至是要无赖，如有客人自恃有钱或当地有关系，拒不执行政府及酒店的有关规定，有的客人要求提供个性优质服务但又不肯支付相应费用，有的客人则把事先准备好的苍蝇、毛发等放入菜肴，然后投诉要求赔偿损失，在这些客人看来，既然我是上帝，我就是要主宰饭店内的一切，我想干什么就干什么，酒店必须无条件地服从我的要求，这是一种极端错误的观念。

众所周知，任何权利都有与之相适应的责任和义务相联系，两者是相辅相成的，酒店与客人的关系，是一种服务与被服务的关系，同时也是一种交换关系，酒店有为客人提供优质服务的权利，但客人同样有按得付费，尊重他人劳动，遵守酒店规章制度的责任和义务，根据市场经济的公平合法原则，客人与酒店必须在彼此人格平等，相互尊重的前提下进行交换，而不能单方面强调客人就是上帝而忽视了相应的责任和义务。

（5）宾客至上，并不意味着饭店对客人就一味地迁就忍让

某些客人的刁难行为，除了客人的自身原因外，与酒店害怕客人投诉，失去客源而一味迁就忍让不无关系。如某酒店有一客人用餐时，对服务员动手动脚，管理人员不对客人的行为予以必要的教育，反而要服务员向客人赔礼道歉，这是极端错误的。在这些酒店看来，宾客至上，客人就是上帝，客人永远是对的，酒店就必须永远是"YES"而没有"NO"，这是十分有害的。酒店作为通过提供服务来取得效益的服务企业，固然应以客人的满意作为服务工作的准则，充分尊重客人并理解、原谅客人的过错，但这种过错必须界定在一定的范围内，酒店的忍让理应有个尺度，也就是说客人的过错并不是有意挑拨，客人的过错不能影响和损害其他客人的利益和酒店的形象，客人的过错不能侵犯员工的人权，侮辱员工的人格。如果酒店对上述过错也一味忍让和迁就，那么势必会影响酒店的形象并损害其他客人的利益，严重影响员工的工作积极性，所以对个别想来酒店过一回"上帝"的瘾，又根本不具备当上帝的素质的"客人"，即失去仁慈和理性的"上帝"，酒店不应该永远是"YES"，而应该勇敢地学会说"NO"。

（6）宾客至上，并不意味着饭店就对客人负无限责任

受宾客至上观念的指导，为不影响经营，酒店对客人的投诉，大都采取大事化小，小事化了的处理方式，尽量给客人一个满意的处理结果，这不失为一个可用的策略。但这种处理方式，也使一部分客人产生了这样的认识，似乎在饭店内

发生的所有问题,均应由饭店来负责,不管是小孩走丢,酒后跌倒,还是汽车在停车场被盗,都应该由饭店承担责任并予以赔偿,这种认识也是十分片面的。《中华人民共和国消费者权益保护法》明确提出"保护消费者的合法权益,维护社会经济秩序,促进社会主义市场经济的健康发展",法律保护的是消费者的"合法"权益而非"无限"权益。对客人的损失与伤害,饭店在道义上给予同情和帮助,这是应该的。但《中华人民共和国消费者权益保护法》所倡导的是自愿、平等、公平、诚实、守信的原则,在区分"责任和义务"时,饭店应以对服务的承诺及各自应负的责任作为处理纠纷的基本依据,充分体现公平准则,在维护宾客利益的同时兼顾饭店的利益,而不应该借口客人永远是上帝,要求饭店承担无限的责任。

2)客人永远是对的

"客人永远是对的"这一口号,最早是由美国饭店业鼻祖 E.M.斯塔特勒于1876 年提出的。130 多年以来,斯塔特勒所提出的口号,在全世界、在各个行业,产生了广泛而深刻的影响,已经成为服务性行业工作人员身体力行的行动准则。斯塔特勒提出"客人永远是对的"这一口号,并不意味着客人提出的每一个投诉或索赔要求都是有理或正确的。实际上,客人的投诉要求有时是完全无理的。斯塔特勒的意思是:满足客人的要求是饭店应该做的事,不管客人的要求在服务人员看来是何等琐碎和不重要。

(1)客人永远都是对的,这是酒店行业的黄金法则,需要每一位员工牢牢记住

有的服务人员对"客人永远是对的"这句话总是想不通:"哪有这回事? 谁能一贯正确? 谁能'永远是对的'?""既然客人'永远是对的',那服务员呢? 服务员'永远是错的'?"

事实上,客人并不永远是对的。"客人永远是对的"这句话并不是对事实所作的判断,它只是一个口号,一个为了实现优质服务的口号。为什么要提出这样一个口号呢? 理由很简单:因为客人希望自己"永远是对的",不希望自己"有时候是对的,有时候是错的",所以服务人员应该满足他们的心愿,让他们"对的时候是对的,不对的时候也不错",总而言之"永远是对的"。

客人是来"花钱买享受的",不是来"开展批评和自我批评""接受再教育"的。"认错"对于客人来说绝不是一件愉快的事,而酒店服务人员的职责正是让客人高高兴兴地来,高高兴兴地走,自始至终不要发生任何不愉快的事。提出"客人永远是对的"这一口号,就是要提醒服务人员,不管发生了什么事情,都不要说客人"不对",更不要逼迫客人承认自己的"不对"。

如果客人在餐厅吃了饭,没有给钱就走了,这对不对呢? 当然是不对的。不能因为有"客人永远是对的"这样一个口号,就"让他去吧"。钱一定是要"要"回

来的,问题在于如何去"要"。有经验的服务人员都知道,去把钱"要"回来,并不等于一定要说客人如何如何"不对"。例如,可以说:"真对不起,我没有及时地给您送账单。"只要能把钱"要"回来,"是非"就算"分清"了,为什么一定要说客人"不对"呢?

（2）谁都不可能永远正确

凡是在饭店工作过的人也都知道,客人并不永远正确。大多数客人自觉遵纪守法,合情合理,也注意礼节礼貌。但是社会上三教九流,鱼龙混杂。来到饭店住宿或吃喝的人中,难免会有少数不那么好的人。在饭店,企图逃账、惹是生非,甚至欺凌服务人员的客人也是时有出现的。在这种情况下,还应该提倡"客人永远是对的"吗?"客人永远是对的"这一口号的含义究竟是什么? 其实在现实生活中,客人也并不永远是对的,只是我们在服务过程中假定客人总是对的,若无条件信仰"客人总是对的"也势必会引起一系列问题:

①迎合不文明客人的不正当要求,纵容不良行为的滋生。

②影响其他客人的消费经历和满意程度。

③威胁其他客人和服务人员的人身安全和财产安全,使酒店遭受经济损失。

④使服务人员产生屈辱感,影响服务人员的工作满意度。

（3）一分为二看待"客人永远是对的"

"客人永远是对的"并不意味着"我们永远是错的",它实质是一般性沟通理念、原则在对客服务过程中的运用,即接受对方,把尊严和方便留给客人,把困难和不便留给自己。在正常的接待服务中,即便客人在某些方面是错的,也应把"理和对"让给客人。"客人永远是对的"这一观念,就是要求饭店站在客人的立场上去考虑问题,给客人以充分的尊重,并最大限度地满足客人的要求。具体体现在以下 4 个方面:

①要充分理解客人的需求:对客人提出超越饭店服务范围、但又是正当的需求,这并不是客人的过分,而是饭店的不足,所以饭店必须作为特殊服务予以满足,确定难以满足,必须向客人表示歉意,取得客人的谅解。

②要充分理解客人的想法和心态:对客人在饭店外受气而迁怒于饭店,或因身体、情绪等原因而大发雷霆,对此出格的态度和要求,饭店必须给予理解,并以更优的服务去感化客人。

③要充分理解客人的误会:由于文化、知识、地位等的差异,客人对饭店的规则或服务不甚理解而提出种种意见、或拒绝合作,饭店必须向客人作出真诚的解释,并力求给客人以满意的答复。

④要充分理解客人的过错:由于种种原因,有些客人有意找碴,或强词夺理,

饭店必须秉着"客人至上"的原则,把理让给客人,给客人面子。饭店服务(英文名称 hotel service),是指通过人的行为,最大限度地满足顾客的需求,由此带来饭店与顾客双赢的结果。这里人的行为具体包括:饭店员工与客人的直接接触,饭店员工借助有形的媒介与客人的间接接触以及与之相适应的内部协调、管理和激励等活动。

总而言之,"客人永远是对的"这句话的真意不是说客人所有的抱怨都是对的,它要求饭店权衡利弊,统观全局,按"客人永远是对的"的标准去处理客人与员工的关系,事事都要好办。深刻认识并理解到这一理念将有助于服务人员自我定位。进一步处理好与客人的关系,进而有效提高整个服务体系的工作效率,提高酒店的服务质量,提高酒店的氛围和档次。

〔案例分析〕

当客人突然袭来之际

某日晚上 6 时许,某省国际饭店的大堂内灯光辉煌,宾客如云。总服务台的接待员小马正忙着为团队客人办理入住手续。这时两位香港客人走到柜台前向小马说:"我们要一间双人房。"小马说:"请您稍等一下,我马上为这个团队办好手续,就替你找空房。"其中一位姓张的港客说:"今晚 7 点半我们约好朋友在外面吃饭,希望你先替我们办一下。"小马为了尽可能照顾这两位客人,于是一边继续为团队办手续,一边用电脑查找空房。经过核查,所余空房的房金都是每间 218 元。他如实告诉客人。此时那位姓张的先生突然大发脾气:"今天早上我曾打电话给你们饭店,问询房价,回答说双人标准间是每间 186 元,为什么忽然调成 218 元了呢? 真是漫天要价!"小马刚要回话,这位姓张的客人突然挥掌向小马的面孔打去,小马没有防备,结果吃了一记耳光! 他趔趄了一下,面孔变得煞白,真想回敬对方一下。但他马上想到自己的身份,绝不能和客人一般见识,绝不能义气用事,于是尽量克制,使自己镇定下来。接着用正常的语气向客人解释说:"186 元的房间已经住满了,218 元的还有几间空着,由于楼层不同,房价也就不一样,我建议你们住下,尽快把入住手续办好,也好及时外出赴宴。"这时另一位香港客人李先生见他的朋友张先生理亏,想找个台阶下,于是就劝张先生说:"这位接待员还算有耐心,既然如此劝说,我们就答应住下吧。"张先生见势也就软了下来。小马立刻招手要行李员把客人的行李送到房间。然而当时从小马紧握着的那只微微颤抖的手上,可以看出他正在极力压抑着内心的委屈。在周围的其他客人都纷纷对那位先生的粗鲁行为表示不满时,那位张先生一声不响地和李先生办好手续便匆匆去客房了。那位张先生事后深感自己的不是,终于在离店时到总台向小马表示歉意,对自己的冒失行为深感遗憾。

简评：

客人张先生的所作所为肯定是不对的。而小马的表现是无可非议的。他既不还手，也不用恶语回敬。他懂得作为饭店的从业人员就是得理也应该让人，这样才会多留住两位客人，并让他们最后拥有一次愉快的住店经历。当然小马在客人突然袭击之际，自然感到委屈，这就需要克制自己，不与客人一股见识。小马的宽容举止很典型地体现了"客人总是对的"这句话的真谛。如果饭店员工都能从这个高度来要求自己，饭店的服务质量就可以产生质的飞跃。

3）顾客就是上帝

顾客当然不可能是上帝，上帝是人们信仰中的一个形象代表。在人们的意识中上帝是万能的，他能超越社会地位、个人感情、经济基础等问题的困扰，无所不能；而客人可能跌宕起伏，情绪波动，经济拮据。上帝是无所不知的，他对世事百态无所不晓；而客人受知识水平、社会地位、个人经历等因素所局限，对服务规范有个人的认识和把握。上帝是德高望重的圣人，他心胸开阔，永不犯错；而客人素质参差不齐，犯错在所难免。把顾客视为上帝，实际上是以顾客在企业发展中所处地位决定的。因为顾客是企业的经济来源，是企业生存和发展之根本，没有了顾客企业将不复存在，因此必须要重视顾客，就像重视上帝一样。提倡顾客是上帝，这并不说明顾客就是上帝：

①企业不是顾客创造的；

②顾客不可能决策于企业；

③顾客不能无视或不遵循企业有关的规定等。

以酒店客房为例，客人住店房价不能自定、住房须交押金、如有损坏还要给予赔偿……这样受条条框框所约束，怎能体现他就是万物的主宰？进一步说，上帝只有一个，如果说顾客就是上帝的话，那么将存在无数个上帝，这些上帝都对企业发号施令的话，那么企业将无所适从。由此可见，"顾客就是上帝"只能单纯从顾客在企业生存与发展中所占地位和所起作用来理解。

从某种意义上说，酒店才是"顾客的上帝"。那么，"做顾客的上帝"，也并不是说酒店就至高无上。上帝在享有他至高无上的地位的同时更肩负创造万物、使万物繁荣昌盛的艰巨使命和责任。做顾客的上帝意味着企业要尽自己所能，为客人创造良好的消费环境、让客人享受优质的服务、先客人之想而想、为客人之急而急，同时根据市场的发展动向和客人的潜在需求，帮助、引导客人消费，使消费市场的素质和档次尽量与社会潮流同步，使客人无论在何时何地都能感到物有所值，而不因地域、空间等因素打折扣。

客户与酒店、员工之间应该是相互依存的关系，而不是简单的商品交易和金钱关系,是一种共存互荣、共同发展的关系。服务过程中,把客户当成自己的亲人往往比把他们当成上帝更好!所以,有些酒店提出:"做顾客的朋友、亲人!"这是很有见地的。

在酒店服务中,对待顾客,我们应该这样来理解和认识:

①对顾客一视同仁;

②以诚相待;

③认识顾客;

④顾客是重要人物;

⑤顾客不是要依赖我们,而是我们需要依赖的对象;

⑥顾客是我们的工作目的和对象,他们并非来骚扰我们,而是给我们提供服务的机会,我们应该感谢他们;

⑦顾客是带给我们消费信息的人,我们应该尽力满足其要求,以达到互惠互利的目的;

⑧顾客不是我们争执的对象,因为我们永远无法取得全面胜利。

在现代酒店经营中,只有深刻理解酒店服务理念、服务意识的内涵,明晰酒店服务意识与酒店服务质量的关系,通过对服务产品,特别是服务理念的不断完善与创新,才能令客人产生身心愉悦、梦幻般完美的消费体验与感受。酒店就是要系统化地将服务意识全方位地外显、展示魅力独具的企业文化和形象。

〔案例讨论〕

微笑的魅力

一位住店的台湾客人外出时,有一位朋友来找他,要求进他房间去等候,由于客人事先没有留下话,总台服务员没有答应其要求。台湾客人回来后十分不悦,跑到总台与服务员争执起来。公关部年轻的王小姐闻讯赶来,刚要开口解释,怒气正盛的客人就指着她鼻子尖,言辞激烈地指责起来。当时王小姐心里很清楚,在这种情况下,勉强作任何解释都是毫无意义的,反而会招致客人情绪更加冲动。于是她默默无言地看着他,让他尽情地发泄,脸上则始终保持一种友好的微笑。一直等到客人平静下来,王小姐才心平气和地告诉他饭店的有关规定,并表示歉意。客人接受了王小姐的劝说。没想到后来这位台湾客人离店前还专门找到王小姐辞行,激动地说:"你的微笑征服了我,希望我有幸再来饭店时能再次见到你的微笑。"

王小姐今年22岁,在饭店工作两年,先前当过迎宾员、餐厅服务员和前台服务员,后来才当上饭店的公关小姐。她从小就爱笑,遇到开心的事就禁不住大笑,有时自己也不知道为什么会笑起来。记得刚来时在饭店与一位客人交谈,谈到高兴时竟放声大笑起来,事后她受到领导的批评教育,使她明白了,在面对客人的服务中,笑必须根据不同的地点、场合掌握分寸,没有节制地乱笑无疑会产生不良后果。

笑,一旦成为从事某种职业所必备的素养后,就意味着不但要付出具有实在意义的劳动,还需付出真实的情感。王小姐深深感到,微笑服务说来容易做到难。你想,谁能保证每天心情都愉快?又有谁能保证每天上班8小时始终状态那么好?每当她走上工作岗位,总是让新的一天从微笑开始,在微笑服务中倾注一份真诚的情感,让微笑感染、沟通每一位客人的心灵。上述感动台胞的故事便是成功的一例。

的确,微笑,已成为一种各国宾客都理解的世界性欢迎语言。世界各个著名的饭店管理集团如喜来登、希尔顿、假日等都有一条共同的经验,在一切服务灵魂与核心的十把金钥匙中,最重要的一把就是微笑。美国著名的麦当劳快餐店老板也认为:"笑容是最有价值的商品之一。我们的饭店不仅提供高质量的食品饮料和高水准的优质服务,还免费提供微笑。"

当然,微笑必须以优质服务为基础。下面举一个反面事例:

有一次,一个西欧旅游团深夜到达某饭店,由于事先联系不周,客房已满,只好委屈他们睡大厅。全团人员顿时哗然,扬言要敲开每一个房间,吵醒所有宾客,看看是否真的无房。此时,客房部经理却向他们"微笑"着耸耸肩,表示无可奈何,爱莫能助。这使宾客更为不满,认为经理的这种微笑是一种幸灾乐祸的"讥笑",是对他们的污辱,便拍着桌子大声喝道:"你再这样笑,我们就要揍你!"使这位经理十分尴尬。后来在翻译人员的再三解释下,客人的愤怒才告平息。

显然,这样的"微笑"离开了优质服务,与微笑服务的本意南辕北辙。

总之,微笑服务是饭店接待服务中永恒的主题,它包含着丰富的精神内涵和微妙的情感艺术:热忱、友谊、情义、信任、期望、诚挚、体谅、慰藉、祝福……

讨论:

1.为什么客房部经理的"微笑"反而让客人不满?

2.谈谈在服务工作中如何运用微笑。

本章小结

本章讲述了服务理念的基本含义以及服务理念在酒店发展过程中的重大意义,提出了如何正确理解服务理念的观点。最后指出服务人员要学会正确理解先进的服务理念,用先进的服务理念来打造良好的服务意识。

复习思考题

1.服务理念的含义及特征是什么?

2.谈谈你对"客人永远是对的"的理解。

3.判断下列各观点的对错,并阐述理由。

(1)服务员要急客人之所需,想客人之所求,认认真真地为宾客办好每件事,无论事情大小,均要给宾客一个圆满的结果或答复,但如果客人提出的服务要求不属于自己岗位的服务,则可以不予理睬。

(2)每个服务员都是一个实实在在的、有血有肉有感情的人,都会遇到不顺心或伤心的事,可能会在表情、动作、语言中表现出来。因此,在服务工作过程中,我们将喜怒哀乐都"形之于色"是可以原谅的。

(3)客人多时我们的工作量较大,这时我们可以放松服务标准,因为这时是客人有求于我们。

(4)人有私欲是正常的,因此服务员可以不择手段追求私欲。

(5)记住客人的姓名并以客人的姓氏去适当地称呼客人,可以创造一种融洽的顾客关系。

酒店服务意识

【本章导读】

酒店的竞争,是服务的竞争;服务的竞争,是人的竞争;人的竞争,是服务素质的竞争。要牢固树立高度的、强烈的、自觉的和主动的良好服务意识,酒店员工必须牢固掌握服务的本质,了解服务的内涵,把握服务的真谛。本章分析了服务意识的作用和内涵,就如何培养服务意识做了深刻详细的探讨。

【关键词】

服务意识　培养

【案例导入】

满意加惊喜的服务

今年 25 岁的小徐 2000 年来到海情大酒店,一直在前厅做服务工作。与他一同来酒店的服务生因为耐不住这份工作的枯燥和琐碎,已相继转行干别的了,只有小徐,在这个岗位上一干就是 7 年。7 年来,他以比对待亲人还亲的感情,对待每一位求助的客人,赢得了客人的称赞。

顶着烈日找护照

这是 7 月的一天中午,天气热得让人难受。一位住店客人反映护照不知何时丢失了,希望小徐帮助查找。在酒店找了半天没有结果。小徐仔细询问了客人去过的地方,告诉客人,你放心吧,我会尽力帮你找到护照。整整一下午,他顶着烈日,骑着自行车,逐一到客人曾经去过的地方查找,终于在一家酒吧找到了客人的护照。

解下腰带给客人

一天上午,像往常一样,小徐正在酒店大堂巡视着,随时准备为客人提供帮助。这时匆匆跑过来一位台湾客人。原来客人的腰带扣突然断了,想请小徐帮忙解决一下。考虑到客人马上要随团出门旅游,小徐将客人领到卫生间,将自己的皮带解下来,请客人先解燃眉之急。客人高兴地随旅游团旅游去了,小徐找了根绳当作腰带系上,又开始为客人忙碌起来。等晚上客人回到酒店,小徐已将客

人的皮带扣修好,放到了客人的房间,令客人好不感动。

小徐说,他理解的酒店前厅服务就是使客人"满意加惊喜",让客人自踏入酒店到离开酒店,自始至终都感受到无微不至的关怀和照料,而他则努力成为一个客人旅途中可以信赖的朋友,一个可以帮助解决麻烦问题的知己,一个个性化服务的专家。这也是国际饭店金钥匙组织对金钥匙品质的要求:见多识广、经验丰富、谦虚谨慎、热情、善解人意。

最后小徐请记者告诉大家,如果你入住酒店遇到困难,请别忘了到酒店前厅找"金钥匙"。

简评:

服务员小徐堪称优秀员工的楷模,他把"满意加惊喜"作为对客服务的宗旨,赢得了客人的称赞。他在服务过程中体现的强烈的、良好的服务意识是每一个服务员应该学习的。

3.1　酒店服务意识

酒店业鼻祖斯塔特勒曾经说过,酒店出售的是一种特殊"商品"——服务,客人对"商品"喜不喜欢,愿不愿购买,在很大程度上取决于酒店服务意识的好坏。

3.1.1　酒店服务意识的含义

我们所说的酒店服务意识,指的是酒店员工在对宾客服务过程中,对服务的认识、态度,以及为宾客服务的欲望和意志。酒店员工,一般被理解为酒店当中直接为客人提供服务的员工,即通常所说的一线部门的员工。而宾客则指以货币为代价享受酒店服务的人,即消费者。但严格说来,它还有更广泛的意义:

1)宾客是个大概念

宾客指的是酒店员工直接或间接交往的一切与酒店利益相关的人或组织,而不仅限于购买酒店服务的现实消费者;很多潜在的消费者,正是通过和员工的接触,才变成现实消费者的。

对到酒店进行消费的客人,酒店为其提供服务,这是理之当然。酒店员工不仅要对那些自己负责的客人服好务,同时还要招呼好那些因同事缺位,而需要服务的客人,这是酒店的基本工作。但所谓的宾客,绝不仅仅是那些你正在为之服务的人,对于与酒店有业务关系的供货商、代理商(如旅行社),对酒店依法行使管理权的行政机关,有接触的过往行人(如向门卫问路者),酒店所处社区的居民,甚至包括同事等,他们同样也是酒店的宾客,他们虽然不是现实的消费者,却是酒店潜在的消费者。所有与酒店有接触的人,都是酒店服务的评判者和宣传者,如果要他们对酒店有正面的评价和宣传,就必须让他们感受到酒店的热情、周到和主动。而对于酒店的合作伙伴,也只有当他们切身体验到酒店的真诚和友好,才可能与酒店达成更好、更长远的合作。

2)服务意识对职能部门同样重要

酒店员工,指的不仅仅是前台、客房、餐厅、商场等传统的一线员工,财务、采购、人力资源、工程维修、安全等职能部门甚至高层管理者,也都是酒店的一员。换句话说,酒店所有的工作人员,都是酒店的员工,都应该具备良好的服务意识,而这恰恰正是大多数时候被大多数酒店所忽略的,而有些甚至是酒店管理者、决策者。一谈到服务意识,他们往往认为那是对客部门的事,与职能部门无关,这不能不说是一个遗憾。

要使职能部门树立服务意识,首先要从思想上改变"职能部门是二线,要求可以低一点","职能部门面对的不是客人,不会影响酒店的服务质量"等错误观念,树立整个酒店都是一线的思想。酒店管理层首先要完成这一转变,使职能部门认识到树立服务意识的重要性。试想:当合作伙伴在财务结账时,如果受到怠慢,势必会影响到与酒店的合作关系,这对酒店也是十分不利的。因此,职能部门和对客服务部门树立良好的服务意识,是同等重要的。

为了改变这一状况,有一家酒店在员工中开展"假如我是……"的主题演讲活动,让员工进行换位思考,对加强不同部门和岗位之间的沟通,强化员工特别是职能部门的服务意识起到了很好的作用。

其次,要像在一线部门那样在职能部门中推行标准化管理。对每一个部门和岗位的工作都作出明确的、量化的要求。比如对酒店车队的司机,无论是酒店内用车,还是客人用车,都应该做到车内干净、行车准点、定点候客、门前迎候、统一着装,而且要来有迎声、去有送语,真正让乘客感受到宾客一般的享受。

最后,严格对职能部门进行现场管理和控制。酒店高层领导巡视一线营业部门是司空见惯的,但巡视职能部门的却不多见,即使巡视也要求不高,这是酒店不到位的表现。对待职能部门员工,也应该像对对客部门员工那样开展评价活动,就像鼓励消费者评价餐厅、客房等一线员工那样,让一线员工、有业务关系的单位对职能部门工作开展评议,及时地发现问题,改进服务。

3)总经理同样需要服务意识

总经理也要具备服务意识,这个要求一点也不过分,而且恰如其分。试想,一个行为粗俗、不拘小节的总经理,怎么能带出优秀的酒店员工呢?一个对待属下粗鲁、蛮横的总经理,怎能让酒店员工们在工作生活中心情舒畅、充满热情呢?一个趾高气扬、目中无"客"的总经理,又怎能让客人对酒店留下良好的印象?其实,具备良好服务意识的领导本身就是员工们学习与效仿的最好榜样。

如果酒店全体员工树立了良好的服务意识,那么员工的微笑将不再是"职业性"的,而是发自内心的,是与人为善、为他人服务的真情流露。酒店的形象就会得到客人、合作伙伴、社会公众的高度赞同,酒店和社会的和谐关系就会确立,酒店的员工在获得成功的同时,又成了社会主义精神文明的倡导者和传播者。

3.1.2 服务意识在酒店中的重要作用

意识是人类所固有的一种特性,它是人的头脑对于客观世界的一种反映,是感觉、思维等各种心理过程的总和。物质决定意识,意识又反作用于物质。意识是通过感觉、经过思维而形成的,思维是人类特有的反映现实的高级形式。服务意识是通过对服务的感觉、认识、思维而形成的。它是酒店精神、职业道德、价值观念和文化修养等的综合表现。

酒店精神、职业道德、价值观念和文化修养等决定着员工的服务意识。酒店员工有什么样的服务意识,就有什么样的服务。有好的服务意识,当然提供的就是优质服务,而不正确的服务意识,当然只会提供劣质的服务。因此,服务意识关系着服务水平、服务质量的好坏。酒店若要使自己立于不败之地,就必须树立良好的服务意识。

1)服务意识是社会发展带来的必然结果

①这是竞争的必然结果。因为客人需要最符合自己想法、最适合自己、自己最喜欢的产品。所以,在竞争越来越激烈的状况下,在产品生产能力过剩的市场里,在商品性能差异越来越小的情况下,企业唯有提供各种各样的服务,增加产品的附加值来满足顾客的需求,来挽留顾客。

②服务意识对于服务行业来说是必需的、不可缺少的。让我们来看看一份关于客源流失的调研报告,分析一下顾客流失的原因。客户流失百分比统计如下:

1%"死亡"；

3%搬走了；

4%自然地改变了喜好；

5%在朋友的推荐下换了公司；

9%在别处买到更便宜的产品；

10%对产品的期望值越来越高。

可以看出,顾客很注重产品质量,注重自己所得到的服务。他们对服务有了更多的要求、需要更好的服务质量,他们认为服务水平并未完善、很多员工还不能提供优质的服务。

统计表明：

26个不满的顾客中,只有1个产生投诉行为；

1个不满的顾客会把他糟糕的经历告诉10~20个人；

6个严重问题中,只有1个发出抱怨声；

投诉者比不投诉者更有意愿继续与公司保持关系；

投诉者的问题得到解决,会有60%的投诉者愿与公司保持关系,如果迅速得到解决,会有90%~95%的顾客会与公司保持关系；

1个满意的顾客会把他的感受告诉1~5个人；

100个满意的客户会带来25个新顾客；维持1个老顾客的成本只有吸引1个新顾客的1/5。

由此可见,服务意识是服务质量的关键因素,服务质量是服务行业必须要解决的首要问题。

2）服务对员工的作用

意识决定心态,意识引导行为。只有充分认识到服务的价值和内涵,具备良好的服务意识和心态,才能谈得上高品质的服务行为。

一个成功的酒店背后,往往折射出先进的管理理念,折射出员工辛勤的劳动和乐于奉献的精神。良好的服务意识是服务细节的不断提高和完善,良好的服务是企业品牌和质量的重要标志,服务在企业经营中起着至关重要的作用。

（1）服务工作可以满足员工多层次的需求

服务工作,不仅解决了员工的生活问题,同时,对员工的发展也有着积极的意义,是社会和人们不同层次需要的集中体现。

对于刚参加工作的员工来说,他们走出学校,步入社会生活,一方面可以取得必要的收入,满足自己的基本生活需要,另一方面也开始了向高层次发展、打牢基础的过程。在这里,他们开始与顾客,与同事打交道,开始积累工作经验,培养人际交往能力,这段时间工作的经历对以后的工作都会产生重大影响,是以后发展的基础。

对于有一定工作经验的员工来说,酒店工作是他们实现人生价值的阶梯。这是他们获得经济来源、社会认可、受人尊重和自我实现的需要;即使是转行来到酒店行业的员工,工作环境的改变、多元化的生活方式,有利于他们开阔视野,丰富知识,增长才干。大量事实表明,很多员工在酒店工作几年后,不仅获得了可观的经济收入,而且逐步积累了工作经验,充实、丰富了自己,有的从此走上了领导和管理岗位。因此,服务工作对员工本身来说是一个十分有意义的工作。

(2)服务可以造就个人成功

对个人来说,能为社会服务才有意义,能为社会服务才有收获,很多成功的人之所以成功是因为他们能为社会提供大量的服务。成功人士告诉我们:若想成功就一定要了解服务于人的重要性,要能够有一颗愿意服务人群的心。

(3)提高个人的竞争能力

服务员的工作做好了,不仅企业的竞争能力得到加强,同时个人的竞争能力也就得到提升。这对企业和个人无疑是个双赢的局面。有专家指出:"服务是一种资本,服务=财富","最佳服务是酒店的生命,是创造利润的法宝,也是竞争的雄厚资本。"

(4)提高个人的交往能力

服务工作扩大了员工的交往面,不仅有效提高个人的交往能力,同时对社会来说,也使企业减少了很多矛盾,社会需要"我为人人,人人为我"的服务精神,只有大家用心服务,社会才会更美。

由此可见,服务是光荣的! 对员工来说,实在应该以"我以能为社会提供优质的服务感到开心和自豪!"为理念鼓励自己用心工作。

3)服务意识的作用

服务是利润的源泉,服务是酒店的灵魂。而服务意识又决定着服务的品质。

服务意识有强烈与淡漠之分,有主动与被动之分。这主要是认识问题,认识到位就会有强烈的服务意识;有了强烈展现个人才华体现人生价值的观念,就会有强烈的服务意识,有了以酒店为家、热爱集体、无私奉献的风格和精神,就会有强烈的服务意识。

当员工具备了很好的服务意识的时候,他们就能自觉主动地为顾客服务,就能为顾客提供高品质的服务。

〔案例分析〕

爱喝散装茶的客人

住在酒店1306房的Matthew先生已住了两天,每天早出晚归,房间的衣服总是扔得到处都是。服务员小袁做卫生时都会不厌其烦地帮他把衣服整理好,放在衣柜内。

小袁发现房间里的茶杯每天都原封不动地放在那里。通过向中班服务员打听后,小袁得知客人每次送茶都不喝,但是他每天都会买一瓶矿泉水。

第三天上午,1306房间来了一个朋友,小袁想他朋友可能和他一样不喜欢喝袋装茶叶,于是抱着试试看的心理用散装茶叶为他们泡了两杯茶送进客房。

过了不久,小袁看见客人和朋友出去了。为了弄个明白,她马上进房去查看,发现两个茶杯都空空如也,原来他们爱喝散装茶。于是,小袁高兴地在常客卡上记录了这一条,又为他泡了一杯茶,用英语给客人留了一张条:"It's the tea for you! Wish you like it !"

下午,Matthew和他的朋友大汗淋漓地从电梯里面出来,手里抱着一个篮球,老远就冲小袁喊"Hello",小袁连忙跑过去。客人把篮球放在了服务台,小袁接过球一看,黑乎乎的。客人用手着指酒店的布草房:"Take it in workroom?""Yes, yes!""这么脏,还是洗一下吧?"小袁自言自语道。

于是,小袁便将篮球拿到消毒间用刷子刷了个干干净净。第二天下午,客人又出去打球了,当他从小袁手中接过干净如新的篮球时,竖起了大拇指,并且在昨天的那张留言下写下了"Thank you…"

简评:

酒店给客人提供袋装茶叶,客人不喝,这在很多酒店都是常事。但本案例中服务员小袁对此却非常上心,并试着给客人上散装茶,结果客人十分满意。当客人要求把篮球放在酒店的布草房时,又帮客人洗刷干净,给客人带来了意外的惊喜。这两件小事都充分显示了这位服务员良好的服务意识和服务态度。

"麻烦"的客人?

因工作需要,刘先生准备在某饭店长住一年,该饭店没有单人间,刘先生就租用了一间标准间。一周后,刘先生觉得自己一个人住在标准间里很不舒服:单独用一张床太小,两张床拼起来用又占地方。于是就向客房部黄经理提出能否给他换张大床,黄经理认为客人的要求是合理的,就专门购置了大床,满足了刘先生的需求。

一周以后,刘先生找到黄经理,提出能否给他的房间多加一个衣柜,因为刘先生一年四季的衣服在壁橱里根本放不下,于是,黄经理就与刘先生商量:能否

把衣服寄放在饭店洗衣房的布草房里？但刘先生不同意,他说:"每次穿衣时都要与你们联系,岂不麻烦死啦?!"黄经理认为刘先生也有道理,就给他专门添置了衣柜。

又过了一周,刘先生又找到黄经理,要求长期借用熨斗和烫衣板,他说:"每次我刚借来熨斗,你们的服务员就来催问我什么时候还,我总想在自己最方便的时候烫衣服。"黄经理想了想,就对刘先生说:"我会通知服务员满足您的要求的。"

刘先生离开后,黄经理就在嘟哝:"那么麻烦的客人,还不如不接!"

简评:

是刘先生麻烦,还是黄经理没做好? 这是一个值得深思的问题。从饭店角度而言,刘先生一会儿要换床,一会儿要加橱,确实挺麻烦的;但从刘先生角度来看,这是客人的实际需要,我既然花了钱,就应该得到相应的服务,使自己的合理而正当的需求得到满足。有些饭店的员工都抱有黄经理这样的态度,问题的根源就在于实际工作没有从客人的角度出发,而只考虑自己工作的方便,从而导致客人对饭店服务的不满。

如果饭店服务人员的工作都是从客人角度出发,站在客人的立场上考虑问题,并预测其实际需要,事先就给予满足,那么客人的满意程度便会大大提高。

3.1.3　酒店服务意识的内涵

酒店服务意识是酒店员工必须具备的观念,要树立良好的意识,有必要了解酒店服务意识所包含的基本内涵。

1)服务是第一意识

酒店是服务性行业,服务是酒店的灵魂与精华,好客是其最基本的特点,服务意识不强的酒店不是一个好酒店。为宾客服务是酒店工作人员真正的、全部的工作内容。尽管酒店可以划分为很多不同的部门,但其基本工作职责是一样的,各个部门的工作目标也是十分清楚的,那就是一切为了宾客,为了一切宾客的满意。

2)优质服务意识

服务有优劣之分,质量有好坏之别。让所有宾客都满意的服务才是优质服务。酒店服务在满足宾客基本需求的同时,还要让客人感到高兴和愉快。千万不能只图省事,把服务简单化。

3) 全员服务意识

宾客在酒店的经历是一个整体的过程,各个部门的服务和工作是酒店服务的一个不可分割的整体,因而要求酒店每个员工都必须牢固树立服务的意识,上自总经理,下至员工,都必须具有良好的仪容仪表、礼貌礼节和高效的服务。

4) 宾客至上意识

宾客的要求永远是第一位的。宾客需要第一,宾客永远是对的,以诚信承诺宾客,以人际关系稳住宾客,以高明有效的技术提供服务,这些观念要体现在每一个岗位的每一个操作动作中。千万不能因为一时的不快,就开始埋怨宾客,置宾客的要求于不顾。

5) 成本与效益意识

酒店是企业,企业的利益来自于提高效益和降低成本。特别是在竞争激烈的市场里,降低成本和提高效益尤其重要。节约每张纸、每度电、每滴水,对酒店都有着特别的意义,都会给酒店赢得一分利润,从而给酒店带来更多的发展机会,为员工带来更多的福利。树立成本意识,既是为了酒店,也是为了员工自身利益着手。

6) 标准意识

酒店服务作为一种产品,也有自身的标准,这个标准就是酒店的操作规程。尽管每个酒店之间的规定各有差异,每个岗位的工作程序也有不同,但唯有遵守相关的标准,把工作程序化、制度化,才能使复杂的系统简单化。标准化是现代酒店的基础工作,但这并不是优质服务的最高境界,只有在此基础上的个性化服务,才能达到优质服务的标准。

7) 市场意识

市场经济时代,占有市场,意味着企业的经济效益。酒店市场的开发和维持,既靠酒店管理层和营销人员的努力,也要依靠酒店内部员工的共同努力。调研表明,在酒店内部的营销工作,成本更低,效益更好。现代酒店员工除了爱岗敬业,完成本职工作外,还要有人人参与推销、人人参与市场开发、人人参与宣传的意识行为。在社会外部大市场和酒店内部小市场,以及在对客服务的具体工作中发现潜在的客源商机,接待好老顾客、留住新顾客,都是员工市场开发意识、客源意识的具体体现。

8) 竞争意识

市场经济,是竞争的经济。企业要竞争,首先是员工的竞争。入职竞争、岗位竞争、服务竞争、生存竞争,无处不在;国有酒店、民营酒店、外资酒店的竞争机制无处不有。"市场不相信眼泪,竞争不同情弱者",要想使自己变得强大,必须具有强烈的竞争意识和敬业意识,努力掌握好本岗位的工作程序、操作方法,做好规范化、标准化、个性化服务,牢固树立顾客至上、一丝不苟的工作作风。只有竞争意识强、学习欲望高的员工,才能在竞争激烈的社会中不断提升自己、充实自己,才不至于遭到酒店与社会的淘汰,也只有这样,酒店也才能在市场竞争中获得一席之地。

9)危机意识

没有忧患意识的民族,是没有生命力的民族、没有希望的民族。没有危机意识、忧患意识、压力感、紧迫感的酒店,不是一个有希望的酒店。人只有在危机面前,才能格外清醒,才能发愤图强,才能变压力感、紧迫感、危机感为动力。酒店管理者在员工入职培训时,就应让员工树立危机意识,知晓危机在市场经济中无处不在、无处不有。酒店在辉煌时要讲危机,在不景气时更要讲危机,只有树立全员危机感、紧迫感,酒店才能立足激烈的市场竞争,才能把危机转变为良机。

10)文化意识

文化是酒店品牌的核心竞争力,是酒店企业凝聚力、生存力与生命力的基础。现代酒店一定要创造自己积极向上、奋发有为的企业文化,使员工在企业中得到熏陶,得到锻炼,得到提高。使员工成为企业发展不可替代的人力资本。企业要培养员工具有良好的职业道德、心理素质和艺术修养,不断扩充员工的知识面、专业面,使员工成为具有广博的知识、精湛的技艺、一专多能的复合型人才。员工也要不断提高自身的文化素质,提高自身修养,提高自己的服务水平,为酒店的发展出谋划策。

11)质量意识

质量是酒店的生命,"服务"作为一种"商品",除了包装要好外,还必须注重"商品"本身的质量,即服务水平、艺术、技巧。只有高水平的服务,具有艺术技巧的服务"商品"才具有吸引力,客人才会认可、才愿意购买,才愿意回头再来。

12)安全意识

安全是酒店生存和发展的重要保证。安全意识重在预防,要处理好安全与经营的关系。预防为主,内紧外松,这是安全防范的基本原则。要落实好安全责任制,加强安全知识的学习与培训,加强安全的巡视、检查。

13)形象意识

酒店的形象是酒店的重要资源。酒店的形象包含着企业的理念、员工的行

为规范,等等。对员工来讲主要是仪容、仪表、举止、行为等方面的表现,正如古希腊哲学家德谟克利特所说:"身体的美,若不与聪明才智相结合,是某种动物的东西",员工始终保持自己及公司的形象,这是酒店意识的又一要求。

14) 创新意识

创新是酒店业发展的动力,一定要树立"破旧立新"的思想。"破旧"就是破除制约酒店发展的旧观念、旧思维、旧方法、旧技术;"立新"就是根据市场经济的需求,树立新观念、新思维,创建新制度、新方法,学习和掌握新技术。市场经济越向深入发展,酒店业工作越要不断"创新",只有"创新"才能"得市"。

员工要有创新意识,要按照"客人的需要就是我努力的方向,客人的满意就是我工作的目标"的要求,不断创新自己的工作方法和工作模式。酒店管理人员要有创新意识,对日常管理、工作计划、经营策略、营销手段等方面都要有新的举措。酒店只有创新,才能适应酒店日新月异快速发展的步伐。

3.2 酒店服务意识的培养

现代酒店业的竞争实质上就是服务的竞争,而服务的竞争归根结底就是服务人才的竞争。对于酒店来说,服务是基础,服务是灵魂,服务是酒店中最容易做好,又最难做好的工作。酒店给客人提供的最重要的产品是服务,而服务这种产品,一旦提供给客人的是不合格的、不满意的劣质服务,那将是无法更换和改变的。这不但影响了酒店的声誉与形象,而且也表明服务人员的服务技能、服务行为的不合格。21世纪,酒店业的竞争将主要体现在服务的竞争上,所以服务人员必须树立高度的、强烈的服务意识,把优质服务当作酒店的生命来维护。

在酒店服务中,店规店纪、操作规程和服务技能是比较容易掌握的,最重要、最难办、最关键的是服务思想、服务意识、服务理念、服务精神的引导、灌输、培养和提升。当今是服务经济的时代,服务是企业生存的命脉,企业的竞争就是服务的竞争,而服务的竞争也就是服务人才的竞争。因此,服务意识的培养是酒店人力资源开发首先要解决的问题。

3.2.1 服务意识的具体要求

服务员在服务工作中要求表现出强烈的服务意识,服务意识的具体要求体现在以下4个方面:

1)服务仪表

所谓服务仪表,就是服务人员在服务中的精神面貌、容貌修饰和着装服饰等方面的要求和规范。包含以下几个方面:

①微笑服务。这是迎宾礼节礼貌的基本要求。服务员对待宾客,态度要和蔼、热情、真诚、不卑不亢、大方有礼。

②经常修饰容貌。要做到勤理发、勤洗澡、勤剪指甲、勤换衣服。

③酒店在员工通道入口处或更衣室一般都设有衣镜,每一位员工在进入岗位前都应对照检查一下自己的容貌。

④着装整洁。在工作岗位,服务员要按照季节、场合,穿统一规定的工作制服。服装要洗涤干净,熨烫平整,纽扣要扣好。

2)服务言谈

服务言谈,是指服务人员在迎宾接待服务中语言谈吐方面的具体要求。主要有以下几点:

①遇见宾客要面带微笑,站立服务,主动问好。如"您好""早上好""晚上好"等。

②和宾客谈话时,与宾客保持一步半的距离为宜。说话的语调要亲切、诚恳,表情要自然、大方,表述要得体,简洁明了。

③向宾客提问时,语言要适当,注意分寸。

④在与宾客交谈时,要注意倾听,让对方把话说完,不要随意插话和辩解。

⑤宾客之间在交谈时,不要趋前旁听,不要在一旁窥视,更不要随便插话干扰。即使有急事非找宾客不可,也不要打断他们的谈话,而应在一旁稍候,待宾客有所察觉后,先说声:"对不起,打扰一下",得到宾客允许后再说话。

⑥有电话找客人时,一定要听清要找宾客的姓名、性别、单位和房间,然后视情况转告。

⑦正确地称呼客人。称呼不当,容易引起客人的反感和误会。对宾客的称呼,应根据年龄、身份、职务、性别等来确定,不能直接点名道姓。对有职务者称职务,如杨经理、李主任;对男宾可称"先生",已婚女客人可称"太太",未婚女客人可称"小姐"。对宗教界人士一般称"先生"。

3)举止

举止,是对服务人员在工作中的行为、动作方面的具体要求。包括以下几点:

①举止端庄,行为文明。站、坐、走姿态要正直,身体不前俯后靠。

②在宾客面前禁止各种不文明的举动。

③在上班工作前,不吃带有强烈异味的葱、蒜、韭菜等。

④在工作时,保持安静,做到"三轻",即:说话声音轻、走路轻、操作轻。

⑤宾客之间在地方狭小的通道、过道或楼梯间谈话时,服务员不能从中间穿行,应先道一声"对不起,请让一下",待对方挪动后再从侧面或背面通过。如果无意中碰撞宾客,先主动表示道歉,说声"对不起",方可离去。

⑥对容貌体态奇特或穿着奇装异服的宾客,切忌交头接耳议论或指手画脚,不能模仿讥笑。对身体有缺陷或病态的宾客,应热情关心,周到服务,不能有任何嫌弃的表情和动作。

4)服务礼仪

服务礼仪,是指服务人员在服务工作中,在礼遇规格和礼宾顺序方面应遵循的基本要求和规范。有几点值得注意:

①在客房和餐厅的服务工作中,应严格遵照规格和礼宾顺序,做到先客人、后主人;先女宾,后男宾;先主要宾客,后其他宾客。

②不要随意打听宾客的年龄、职务、家属、小孩、工资收入等其他隐私,特别是不要随意询问女宾客的情况。也不要轻易向宾客了解随身的服装、金银首饰及贵重日用品的价格、产地,对宾客的物品不要表露喜爱或羡慕,以免产生误会。

③不轻易接受宾客赠送的礼品,如出现不收可能失礼时,应表示深切谢意,礼品收下后及时交领导处理。

④宾客从服务员身边经过时,一定要点头示意,宾客离开酒店时,应主动欢送,并说:"再见,欢迎您再来"。楼层服务生应主动为客人按电梯开关,与客人道别。

3.2.2 提高认识

服务人员要树立良好的服务意识,要从本身职业道德、文化素质和服务技能着手,一点一滴抓起。

1)正确认识所从事的工作,不断更新观念,做到爱岗敬业

正确认识服务的性质是做好服务的根本。若是为了怕被客人投诉而提供优质服务,若是怕领导追查责任而服务,或者是为了获得高额的工资,甚至是为了保质、保量地完成工作任务,争取有所业绩,以取悦于领导,这些都不叫真正的服务,更谈不上良好的服务!很多人在平时服务时,工作认认真真,但求客人满意,不被投诉,就很满足了。对领导交办的任务,也能兢兢业业,积极完成,但求对得起自己的工资报酬。但这样的服务,是被动的服务,很容易受各种因素的影响,很容易产生挫败感,从而使工作受到影响。实际上,服务应该是自觉的行动,是发自内心的为客人提供方便。服务不仅是一种责任,更是一种义务,是一种极富价值的工作,是帮助客人解决问题的善举,是一个高尚的岗位。

对酒店来说,经营是前提,管理是关键,服务是支柱。服务是酒店的产品,服务质量不仅是管理的综合体现,也是工作人员素质的综合反映,直接影响着酒店的经营效果。如同工业企业的产品,质量直接影响销路一样,服务质量决定着酒店对顾客的吸引程度。因此,服务不仅仅是产品,也是赢得顾客的关键,优质服务是使酒店具有竞争力的前提,酒店经营的好坏最终取决于服务。换句话说,酒店是服务性企业,靠接待顾客,为顾客服务而赢得收益。酒店要为顾客提供多功能的服务,使顾客感到亲切、舒适、方便、安全,有"宾至如归"的感受,顾客才会不断地光顾酒店,把"财"源源不断地送到酒店。如果酒店的服务不能满足客人的要求,客人就不可能再来,酒店就会失去客源。从这点来说,顾客是酒店的真正"老板","顾客至上"是酒店必须遵循的宗旨。"顾客至上"必须体现在员工的服务工作中,这种意识就是以顾客为核心开展工作,以满足顾客的需求,让顾客满意为标准,时刻准备为顾客提供优质服务的一种意识。

2)严格要求自己,努力做好服务工作

酒店员工,是酒店的一个重要组成部分,是酒店的一面镜子,是酒店的形象代表。酒店员工应该严格要求自己,通过自己热情的服务,让客人对酒店留下良好印象。

第一,必须明确酒店的服务程序、规范和标准,按酒店的要求提供服务。要积极、主动、热情、耐心、周到、高效地为顾客服务,讲究礼节、礼貌,遵守职业道德规范。要灵活处理发生的问题,自己不能处理的,要报告上一级领导处理。对于酒店来说,服务没小事,一些看来不重要的事,可能对客人十分重要,可能会影响客人对酒店的评价。因此,对待服务工作必须持十分认真的态度,把每一件事都做好。

第二,酒店的服务工作,是在分工与协作的前提下进行的,任何一个人离开别的部门、别的员工,都无法独立完成服务工作。因此,员工必须加强协作,不要事不关己,高高挂起。客人要求服务时,更不能因不属于自己岗位的职责而把客人推来推去。为了优质的服务,为了和谐的工作环境,员工应严于律己,宽以待人,热诚相助,同事之间应互相尊重,友好相处,互相帮助,互相配合,团结协作。

第三,必须明确优质服务来自于员工的服务态度、服务知识和服务技能,而要提供优质服务,必须认真学习,刻苦钻研业务技术,做到干一行,专一行。要坚持在岗位上学习,研究各类顾客的特点,总结服务规律,并学习其他员工的经验,提高服务水平。要坚持在业余时间学习,不断学习理论丰富自己,提高业务水平。学习需要时间,但更要靠毅力,只要坚持不断学习,就会为自己向更高层次发展打下基础。

第四,必须自觉维护酒店形象。酒店声誉的确立,靠全体员工长期的共同努力,但损毁却十分容易。酒店服务产品"100-1=0",只要一个环节、一个人的身上出现了劣质服务,酒店的良好形象就会受到损坏。因此,每一个员工都应自觉维护好酒店形象,通过自己的一言一行、一举一动,去树立和传播酒店的良好服务,做到有损酒店的话不说,有损酒店形象的事不做。如果对酒店和管理人员有意见,应主动向上级反映,切不可在客人面前讲酒店或其他部门的坏话,这对酒店和员工本人都是十分有害的。

3.2.3　提高水平

提高服务意识,不仅要提高认识水平,同时应该提高服务水平,只有这样,才能确保酒店的优质服务。

1)深刻认识和领会并运用正确先进的服务理念

正确理解服务理念是提高服务水平的关键。服务理念可以从思想根源上认识酒店服务工作,将服务理念变成自觉的服务行动,切实遵循服务原则,这是提高服务水平的基础。

2)做好本职工作

企业是个大系统,每个岗位都是这个系统的一个重要组成部分。如果把酒店比喻成一个大木桶,那么各个岗位就是组成这个木桶的木片,任何一块木片变短了,都会使木桶的装水量减少。换句话说,只有每一个员工都把工作做好了,酒店才能正常运转。

做好本职工作,就是要从现在做起,从自己做起。具体说要以六局为重,以公司的利益为重,主动承担工作责任,知难而进,尽心尽责,乐于奉献;要加强学习,提高业务能力,提高自身综合素质,在做好公司、部门交代事情的同时,献计献策,乐于创新,力争为公司的发展作出更大贡献;要结合公司的企业文化,规范行为,树立起正确的人生观、价值观、世界观,真正做到"把职业当事业,把企业当家业"!

做好本职工作是一个人最基本的职业道德,也是对工作的一个最起码的标准。一个连本职工作都做不好的员工,指望他做好其他工作,这也是不现实的。要提高服务意识,做好本职工作是基础。

3)以客户为导向增强主动性和责任心

"顾客是上帝","顾客永远是对的",说的都是顾客是酒店生意的基础,没有顾客或维持不住顾客对于酒店来说,经营就毫无意义。以客户为导向,想客户之所想,急客户之所急,为客户提供优秀的服务,不论对客户,还是对酒店、个人,都是一个多赢的局面。因为,提高了客户的满意度,维持住了客户,就为公司提供了存在和发展的时间和空间,同时也为个人的提高和发展提供了机会。

主动性源于责任心,没有责任心的工作造就的只是"差不多先生",而不是一个优秀的员工。在服务工作中,缺乏主动性和责任心的表现有:①客户传话筒:客户抱怨什么问题,就听什么问题,多一句不说,少一句不问(电话受理)。②滚雪球执行:对分派的任务,主管不督促就没有了执行的动力,上司安排什么任务就去完成什么任务,缺少对问题的主动了解,没有把自己放在一个专业的酒店工作主人位置去解决问题。主动性和责任心提高的动力源于自身不断追求完善的要求。无论是一线服务人员还是部门主管,主动性和责任心都是做好本职工作的前提。

4)充分了解客人心理

作为服务从业人员必须了解宾客所需,特别是心理需求,这是提高服务水平的又一个重要问题。顾客有什么心理需要,如何满足这些心理需要,是提升服务水平的关键。顾客对酒店的需要大致可分为以下几个方面:

(1)安全

宾客怕东西被偷;

宾客怕遇到火灾;

宾客怕被别人伤害;

宾客的疑心很重,不允许别人动他/她的东西。

(2)卫生

宾客有洁癖;

宾客讨厌随地吐痰等不文明行为;

宾客讨厌挖鼻子等不文雅行为。

(3)尊敬

宾客是上帝,员工见到宾客不打招呼,宾客可能会感到不满意;

宾客看不惯员工傲慢的神态;

看到员工不让路,宾客也不会高兴。

(4)高效

宾客怕别人浪费他的时间;

拖拉的作风,宾客最讨厌;

宾客是一个没有耐心的人;

别把宾客的电话接来转去;

凡事都让宾客找你的主管。

(5)舒适

宾客睡觉时,一有声音,就睡不着;

宾客不喜欢在用餐时,别人看着他;

宾客不喜欢别人对其衣着等投来奇异眼光。

〔案例分析〕

斐济总统的特大号拖鞋

当年,斐济国总统访华,在他访问了中国其他几个城市后来到上海,下榻锦江饭店。这位身材高大的总统有一双出奇的大脚。因此,他在访问中国期间,还没有穿到一双合脚的拖鞋。此刻,当他走进锦江饭店的总统套房,一双特大号拖鞋端端正正地摆在床前。总统穿上一试,刚好合脚,不由得哈哈大笑,问道:"你们怎么知道我脚的尺寸的?"服务员答道:"得知您将来上海,下榻我们锦江,公关部人员早就把您的资料提供给我们,我们就给您特地定做了这双拖鞋,您看可以吗?""舒服,太舒服了。大小正好! 谢谢你们!"当总统离开中国时,特意把这双拖鞋作为纪念品带回了斐济。

简评:

上海锦江饭店是我国一家著名的五星级饭店。它曾多次成功地接待了到我国进行国事访问的外国总统和总理。怎样才能接待好国宾呢?锦江饭店给了我们很好的启迪。

第一,事前尽可能详细地搜集资料,建立国宾的客史档案。客史档案,是指饭店工作人员对客人入住饭店后的实际消费需求和访问期间各种活动安排的日程进行收集,并以文字、图表形式记录整理的信息资料。客户档案要设立以下几类:常规档案、个性档案、习俗档案、反馈意见档案。客户档案是对客源的科学管理,也是为客人提供针对性个性化服务的依据。存有所有下榻本店贵宾的档案资料,这是锦江饭店的不同凡响之处。为了接待好美国总统里根夫妇、意大利总统佩尔蒂尼、斐济总统,锦江饭店通过我国驻外使馆、外事机构,以及查阅有关资料和观看有关录像片等多种渠道，及时掌握了前来饭店下榻国宾的生活爱好、风俗习惯等有关情况。即便是一些细节也从不放过。正是这些客史档案为锦江饭店赢得了百万宾客一致赞誉的口碑。

第二，把客人的需要放在第一位。我们每位服务员不可能都去接待外国总统，但锦江饭店把客人的需要放在第一位的服务精神值得我们学习。每位服务人员心中都应有一本客情档案，凡是接待过的客人的姓名、国籍、爱好、忌讳都要记在心上，以提供对其胃口的食品，合其好恶的服务。这就要求服务员要做个有心人，使客人受到高层次的礼遇，自尊需求得到极大的满足，产生亲切感。里兹·卡顿酒店的黄金标准中写道："所有员工必须知客人的需求，这样我们方能把客人期望的产品和服务提供给他们。"这就是世界上最先进的服务。

第三，注重超前服务与细微服务。所谓超前服务，是指把服务工作做在客人到达饭店之前，满足客人明确的和潜在的需求。里根夫妇合身的晨衣、南希夫人喜爱的鲜艳的红色服饰、斐济总统合脚的特大号拖鞋，这些小物品对国宾来说虽然微不足道，但却给客人带来一种物质上和心理上的极大满足，这就是超前服务的魅力。客人的需要又是不断变化的，客史档案也不可能完美地收集到客人所有的生活资料，这就要求现场服务的管理人员和服务人员要有一双敏锐的眼睛，善于察觉那些容易疏漏的细枝末节，并预测客人的需求，及时采取措施，解决客人的困难，为客人提供恰到好处的服务。服务员主动为佩尔蒂尼总统的房间配上三眼插座，看起来是个简单的服务项目，却产生了事半功倍的效果。这类服务虽属举手之劳，却充分体现了对宾客由衷的尊敬，给客人带来极大的方便。甚至令其终生难忘。这位服务员并无惊人的服务技巧。他能够在细微之处，发现寻找潜伏着的服务需求，正是具有强烈服务意识的体现。饭店行业有一句行话："主动寻找服务对象。"怎么找？到哪里去找？答案是："服务员不仅要照顾好面上的工作，更要关注深层次的潜伏的动态"，才能为客人提供体贴入微的高水平的服务，达到"服务在客人开口之前"的超然境界。

服务宾客是一种挑战，酒店服务人员如何去服务才能令宾客满意，就像服务人员如何去做好本职工作来获取单位的信任与支持一样，是个不容易做好的工作。影响服务人员情绪的因素很多，如个人情绪，主客观因素，在此情况下，服务人员能否坚持如一去为宾客服务，用真诚的微笑面对宾客，确实是一种挑战。

由于对酒店服务的认识不够，很多从业人员存有一些偏见或误解，以下是一份从业人员酒店意识测试的问答卷：

每天上下班，上司安排什么工作，我就做什么工作，不安排的事，尽量不管。

事不关己，高高挂起，多一事不如少一事。

轻轻松松拿工资。

酒店生意好时就忙,生意不好时闲着。

招待宾客是大家的事情,我只做好我的工作即可,别人的我就不必管了,如果客人有问题,可找别的部门。

对于以上的问题,如果都打了"YES",那么这个员工是一个不合格的酒店从业人员,因为这样的员工没有主动性,也不思进取,起码也是不负责任的。

现代社会的多样化造就了需求的多样化和个性化,因而每位宾客的需求都会略有差异,发现宾客需要,才能提供针对性的服务。以下是几个发现需要的方法:

观察:在面对面的服务当中,身体语言传达了60%的信息,因此服务人员应学会从宾客的身体语言来判断宾客的需求,并且自觉地把观察能力应用到为宾客服务的意识中。

聆听:对宾客的话语作出适当的反应,如以积极的身体语言来表达这样的倾向,同时以适时提问来强化对宾客的关注程序。

提问:选择一些开放性的问题,注意语调的抑扬顿挫,音量要控制好,在询问上一定要注意提问时的语气要配合或迎合宾客的实际情况。

对于宾客经常提问的问题,应该进行认真研究,分类归纳,制订相应的回答方案,并进行相应的培训。对于回答不了的问题,可以咨询能提供帮助的同事,切忌让员工回答说"不知道",因为说"不知道"就表明酒店对此问题无能为力,宾客并不会在意员工是哪个部门的,他们大多数人的潜意识中认为,是酒店的员工,就得知道酒店的事。

当回答宾客的问题时,应该用双眼来注视宾客,不时而又自然地同宾客保持目光交流,以显示对他们的关注留意,但切忌机械瞪视。

5)体现优良的服务态度

观念决定态度,态度决定行为,行为决定结果。

态度反映一个人的精神面貌并且体现在行为中,正因为这一点,往往一个人不用开口,他的态度就一目了然了。对个人来说,态度决定命运;对团队来说,态度决定成败;对客户来说,员工的态度决定客户的忠诚度。对于酒店服务,态度更是至关重要的。服务态度是反映服务质量的开始,优良的服务都是从优良的服务态度开始的。只有良好的态度,才有忠诚的客人,才有持久的利益和快乐。

服务态度是指服务人员在对服务工作认识和理解的基础上对顾客的情感和行为倾向。端正工作态度,热诚地待人接物,是酒店从业人员最重要的基本素质。

客人到酒店接受服务,他接触的服务人员的态度在很大程度上影响着他对

整个酒店服务的印象,并成为他们评价酒店服务质量的重要因素。良好的态度要求所有直接面对客人服务的人员,包括门童、行李员、前台接待人员、客房和餐饮服务人员等,服务时都必须重视客人、尊重客人,充分了解客人的心态和需求,想客人所想,帮客人所需。

良好的服务态度,会使客人产生亲切感、热情感、朴实感、真诚感。具体来说,为客人服务要做到:

(1)认真负责

就是要急客人之所需,想客人之所求,认认真真地为客人办好每一件事,无论事情大小,均要给宾客一个圆满的结果或答复,即使客人提出的服务要求不属于自己岗位的服务,也主动与有关部门联系,切实解决顾客疑难问题,把解决顾客之需当作工作中最重要的事,按顾客要求认真办好。

(2)积极主动

就是要掌握服务工作的规律,自觉把服务工作做在客人提出要求之前,要有主动"自找麻烦"、力求客人完全满意的思想,做到处处主动,事事想深,未雨绸缪,助人为乐,事事处处为顾客提供方便。

(3)热情耐心

就是要待客如亲人,初见如故,面带笑容,态度和蔼,语言亲切,热情诚恳。在川流不息的客人面前,不管服务工作多繁忙,压力多大,都保持不急躁、不厌烦,镇静自如地对待客人。宾客有意见,虚心听取,在服务过程中要善于控制自己的情绪,站在客人的角度,理解客人,主动为客人解答各种疑问。宾客有情绪尽量解释,决不与顾客争吵,严于律己。

(4)细致周到

就是要观察和分析客人的心理特点,懂得从客人的神情、举止发现客人的需要,正确把握服务的时机,服务于客人开口之前,效果超乎顾客的期望之上,力求服务工作完美妥当,体贴入微,面面俱到。

(5)文明礼貌

就是要有较高的文化修养,语言健康,谈吐文雅,衣冠整洁,举止端庄,待人接物不卑不亢,尊重不同国家、不同民族的风俗习惯、宗教信仰忌讳,事事处处注意表现出良好的精神风貌。在服务工作中杜绝推托、应付、敷衍、搪塞、厌烦、冷漠、轻蔑、傲慢、无所谓的态度。

6)做到几个到位

(1)技能到位

服务到位必须有技能技巧作保证,比如对外宾服务,就要求酒店员工有较高的外语水平。技能技巧体现于酒店服务的各个方面和各个环节,不同岗位既有共性的要求,如沟通能力、协调能力、投诉处理能力、语言表达能力、预见能力、记住客人姓名的能力等,也有个性的要求,如餐厅服务员的点菜能力、分菜能力、对食品营养的解释能力,客房服务员排除客房设备简单故障的能力、分析客人爱好的能力,前台服务员识别客人类型和察言观色的能力,保安人员的案情分析能力,商务服务人员的计算机技能等。有了这些能力,服务人员在服务时才能较好地满足客人对酒店的基本要求和某些特殊的要求,从而使服务到位在实际工作中得到有效落实。

（2）效率到位

效率到位在很大程度上体现于服务人员对服务节奏上的把握。随着人们生活节奏的加快,现在酒店服务都在强调快速度、高效率,以减少客人等待时间,提高客人满意度。

但服务节奏快慢也要根据客人的实际要求来进行调整,比如有一位客人在某酒店餐厅就餐时,就对上菜太快深感不满,因为那天他与久违的老朋友见面,希望餐厅慢点上菜,以便他有足够的时间和老朋友交谈、畅饮,但酒店不到20分钟,菜就全部上齐了,为此他深感不快。尽管该酒店餐饮服务效率很高,但却是服务不到位的表现。同样地,如果两位情人正在默默对视时,即使他们酒杯里的酒所剩无几,服务员也要过会儿才能上去为他们服务,这就是一种对服务节奏的准确把握。

（3）方式到位

一般来说,每个酒店都有自己习惯的服务提供方式,客人也有自己习惯的服务接受方式,服务到位就要求酒店尽量按客人习惯接受的方式提供服务。

例如中式铺床和西式铺床之争的问题,我国有很多酒店为客人提供的是西式铺床服务,这使客人很不方便,每天客人睡觉时,都得劳神费事地把被子全部拉出来盖在身上,客房服务员第二天必须整整齐齐把它铺好。这种服务方式尽管投入了不少时间和精力,却得不到客人的理解,是一种服务不到位,大部分客人习惯的还是中式铺床。

再如,非正式宴会的分菜服务方式,很多酒店的做法也值得商榷。客人的口味、偏好、食量都不同,但每人都分相同的一份,浪费的精力不少,没有满足的也很多。

（4）细节到位

高质量的酒店服务都非常关注细节,细节到位往往能给客人留下深刻的印象,为客人留下良好的口碑。比如宴会上,服务员了解到宾客中有糖尿病患者,

就主动地为他送上一碗无糖的芋头汤;确定客人中有人过生日,就通知有关管理人员送来生日蛋糕,带上温馨的祝福;有客人肠胃不舒服时,服务员马上把一碗清淡的面条送至房间等,其效果可想而知。这些都是细节到位的表现。

也有一些细节不到位的现象,例如,当客人还在房间休息或办事时,总有个别服务员来敲门,问房间是否需要打扫和整理,这给客人的感觉就不是很好,酒店应当尽量避免这种情况的出现。

7)加强坚持性,磨炼坚韧性

坚持性是指不屈不挠、坚持不懈地去达到自己的目的,坚持性又称为毅力。有毅力的人,不但精力充沛地去学习和工作,而且在遇到困难时,始终精神旺盛,坚韧不拔,顽强战胜困难,坚持到底。缺乏毅力的人,开始往往显得兴致勃勃,勇往直前,但一遇到困难,就垂头丧气,半途而废。而坚韧性则是针对外部障碍所产生的一种锲而不舍的意志特点。有了这种特点,服务员就可以逐步掌握学习、工作所必需的各种知识,不断提高服务水平,成为业务人才。有了这种特点,服务员还可以逐步训练自己对外界环境的适应能力,保持旺盛的服务热情,主动满足宾客的各种需要,成为服务标兵。有了这种特点,服务员就会在困难面前不灰心、不丧气,始终顽强如一地向前发展。坚持性和坚韧性应贯穿在服务工作的全过程中。

以下是几个需要特别注意的问题:

(1)克服畏难情绪,树立信心

在新岗位上,有的员工由于不熟悉新环境而产生畏难情绪,如有的见到客人就心慌,有的因不知工作方法是否符合要求而担心出错,有的因连续工作时间长或工作强度大而难以适应。多数人经过酒店的培训,都会树立信心,掌握正确的方法,从而适应新的工作,但也有个别人因各种原因难以适应。在这一阶段,关键是要树立信心,培养自身的坚韧性,相信"别人能做好的,自己也能做好","坚持就是胜利",同时注意多学习,多观察,不断克服外部困难,使自己尽快进入"角色"。

(2)克服松劲厌倦情绪,培养对工作的兴趣

经过一段时间的工作,员工逐渐掌握了工作方法,也逐渐适应了新的工作环境。在这阶段,往往容易放松对自己的要求,感觉与大家差不多就行了,从而产生松劲情绪,有的上进心明显减弱。特别是天天做同样的工作,循规蹈矩,没有新意,感到枯燥无味,产生厌倦情绪。有时工作无精打采,感到没有意思。此时,员工最关键的是要坚持,要有坚韧性,要以毅力克服困难,不断培养自己对工作的兴趣。做事情都会有这样一个过程,必须从工作中寻求和发现乐趣,只有这样

才能使自己的工作做得更出色,在保持良好服务态度的基础上,对工作精益求精,不断丰富服务知识,提高服务技能,为宾客更好的服务。

8) 爱心换真心

培养服务意识,爱心是服务的根本,爱心是服务的基础,用爱心做事正是培养服务意识的精神根基。

爱别人就是爱自己,这就是服务的伦理基础,因为服务本身就是在帮助顾客,解决顾客的困难,给顾客带来便利和舒适。如果缺乏爱心,一切都会变成纯粹的经济交易,没有一点人情味,使服务变了味道。

爱心是一切成功的最大秘密。付出爱心,用爱心换取真心,是做好服务最重要的因素之一。

在哈佛商学院的课堂上经常提到这样一个故事:

一对上了年纪的老夫妻在一个寒风刺骨的夜晚,敲开了路边一间简陋的旅店的门,但很不幸,这间小旅店早就住满了。

"这么冷的天气,我们该住哪呢? 我们都寻找了十几家旅馆了,没想到这一家还是客满。"望着店外阴冷的夜晚,这对老夫妻哀叹道。

这时,店里一个小伙计看到两位老人岁数已经很大了,再受冻,真是于心不忍。于是,他让这对老夫妻睡在自己的床铺上,而自己在店堂打个地铺睡了一晚。

这对老年夫妻非常感激,第二天离店是坚决要按照住店的价格给那个小伙计钱,但那个小伙计坚决拒绝了。临走时,老年夫妻开玩笑似的说:"你经营旅店的才能足够当一家五星级酒店的总经理。"

"这倒不错,那样我的薪水完全可以让我的母亲安享晚年了。"小伙计也开玩笑似的随口应和道。

两年后的一天,小伙计收到一封自纽约的来信,信中夹有一张来回纽约的双程机票,信中邀请他去拜访两年前睡他床铺的老夫妻。

小伙计应邀来到纽约,老夫妻把小伙计带到第45大街和34街交汇处,指着那儿一幢摩天大楼说:"这是一家专门为你兴建的五星级宾馆,现在我们正式邀请你来当总经理。"

简评:年轻的小伙计因为一次举手之劳的助人行为,让自己从一个小旅店的伙计直接成为大酒店的经理。这就是著名的奥斯多利亚大饭店经理乔治·波菲特和他的恩人威廉先生一家的真实故事。

爱确实是一个人成功最大的秘密,它似乎还带有些神秘和传奇。那些不能够付出爱心的人,往往是处处以自己的利益为中心的人,他们过分地强调别人是自己利益的侵犯者,却看不到自己的根本利益恰恰就在别人的赐予中。这类人,

永远得不到别人的青睐。

请付出爱心吧,别让自己的爱心像著名的维苏威火山一样处于休眠状态。如果那样,你的工作也会像它一样,永远没有爆发的时候。

在心理默默地为顾客祝福,这无言的爱会流露在我们的眉宇间,闪现在我们的眼神里,让我们嘴角挂上微笑,在我们的声音里引起共鸣。在这无声的爱心里,顾客的心扉会向你敞开,他会把自己融入爱心的氛围之中。

在服务中充满爱心,不仅能让顾客感到幸福,同时也能让自己在工作中获得内心的愉快和平静。

付出了爱,也必将被爱,这是相互的,犹如你播下种子,它会生根发芽,开花结果。

让服务充满爱心,想顾客之所想,急顾客之所急,顾客的需要就是你工作的中心内容。

不要冷淡每一位顾客,不要吝啬自己的爱心。献出自己的爱心,你也同样有机会从优秀走向卓越!

要培养自己优秀的强烈的服务意识,要用爱心为顾客提供温情的服务方式,用专业的心做专业的事,在心里默默地为顾客祝福,在工作中点点滴滴的小事上体现出真诚。

9)长期坚持,全面提高

服务意识的培养不是一朝一夕的事情,也不是做好几件事就行了。需要在长期的实践中通过不断学习来逐步提升。职业道德、价值观念和文化修养等决定着服务意识,因此,必须在多方面加强锻炼,不断完善,不断训练,把它内化在自己的人生观中,成为一种自觉的思想体系。

服务决定成败,服务意识决定服务品质。强化服务意识,把服务意识渗透到血脉里,才能创造卓越的服务,也才能增强自身的成就感和荣誉感,同时提升酒店的服务品质,为社会作出贡献。

〔案例讨论〕

一次偶然的店外服务赢得了一次253间的开房

5月的南京已有夏日的气息,我到火车站办理公务,站内熙熙攘攘,人群川流不息。我发现从上海抵宁的K2列车进站后,8号车厢一直无人下车,职业的敏感使我意识到一定是出了问题。我快步走到车厢口,发现车厢通道堆满了行李,车厢内的日本客人焦急万分,一片哗然。凭着金钥匙服务理念和强烈的服务意识,作为金钥匙的我毫不犹豫地主动将30多件行李卸下了火车。日本客人对此报以热烈的掌声,一再深鞠躬表示感谢。原来这是中国对外友好交流协会组

织的一个日本贵宾团来宁。团队陪同激动地对客人说:"南京的金钥匙接我们来了。"并对我说:"你们的饭店考虑得真周到,都服务到站台来了。"当他接过我的名片后,十分惊讶,原来此团队不入住我所在的玄武饭店,没想到金钥匙会帮助素不相识的店外的一群人。

意外的服务让客人感到惊喜。数日后,中国对外友协从北京发来了传真,对我的服务表示衷心的感谢:"您服务于大众、服务于社会的精神,让我们全体同仁备受感动。从您的身上我们感到你们的酒店不愧为全国最佳星级酒店之一,所以我们决定到南京原入住其他酒店的团队改为入住玄武饭店。"就这样一次偶然的店外服务,为饭店赢得了一次开房 253 间的业绩。

讨论:

1.对不是自己的客人该如何对待?

2.谈谈自己在服务工作中是如何培养服务意识的。

3.3　酒店优质服务

酒店的竞争归根结底是服务的竞争,尤其是服务质量的竞争,这是酒店常说常新的话题。

酒店服务是指酒店为满足宾客住宿、餐饮、娱乐、商务等方面的需要而提供的物质或精神上的服务。

3.3.1　酒店服务产品的构成

要提供优质的服务,首先要了解服务产品的构成,一般来说,它包括以下 3 个方面:

1)酒店的服务包括服务员的日常工作

酒店服务首先指的是服务员为客人所做的工作,服务员的工作是酒店服务产品的重要组成部分。从形式上看,服务就是服务员所做的接待服务、解答疑难、清洁卫生、美化环境等工作,但从实际上看,服务是服务员通过语言、动作、姿态、表情、仪容仪表、行为举止所体现出的对客人的尊重、欢迎、关注、友好,所体现出的服务员的顾客至上的服务意识、严格认真的服务精神、热情周到的服务态度、丰富的服务知识、灵活的服务技巧、快捷的服务效率等内容,这些都是酒店服务产品的核心内容。为便于理解,有人把服务的英文单词"service",赋予组成单

词的每个字母新的含义,即 Smile(微笑)、Excellence(出色)、Ready(准备好)、Viewing(看待)、Inviting(邀请)、Creating(创造)、Eye(眼神)。

S—Smile(微笑):其含义是服务员应该对每一位宾客提供微笑服务。

E—Excellence(出色):其含义是服务员将每一服务程序,每一微小服务工作都做得很出色。

R—Ready(准备好):其含义是服务员应该随时准备好为宾客服务。

V—Viewing(看待):其含义是服务员应该将每一位宾客看作是需要提供优质服务的贵宾。

I—Inviting(邀请):其含义是服务员在每一次接待服务结束时,都应该显示出诚意和敬意,主动邀请宾客再次光临。

C—Creating(创造):其含义是每一位服务员应该想方设法精心创造出使宾客能享受其热情服务的氛围。

E—Eye(眼光):其含义是每一位服务员始终应该以热情友好的眼光关注宾客,适应宾客心理,预测宾客要求及时提供有效的服务,使宾客时刻感受到服务员在关心自己。

从中文字面的意思很难去理解为顾客提供服务时具体怎么做,感觉有些虚无缥缈;但从英文的解释便一目了然,它使服务的概念更具体化、更具操作性。产生这样的差异的主要原因是由于中西方经济发展程度不同和文化观念差异所致。西方经济发达国家的旅游(服务)行业起步早,从 20 世纪 50 年代开始在国民生产总值的比重就不断上升,直至有的国家把它作为主导产业,这就要求对这个行业不断进行规范,以期形成相对一致或统一的执行标准,来规范服务的行为,有的甚至把它定为标准,如 ISO 9000 标准,等等。而我国的旅游业从 1978 年才起步,当时入境旅客人数只有 180.9 万人次,居世界第 48 位,旅游生产力和管理服务水平不高,从业人员的素质也相对较低,服务意识淡薄。近几年随着旅游业的迅速发展,接待海外旅游者跃居世界第 6 位,旅游外汇收入跃居世界第 10 位。但从整体上来看,从业人员的素质和服务意识与西方发达国家相比,还有很大的差距。下面"服务"一词的英文解释可以给我们带来一些启示。

Smile:Smile for everyone,意指微笑待客。在酒店日常的经营过程中,要求每一位员工对待顾客要给以真诚的微笑。因为微笑是最生动、最简洁、最直接的欢迎辞。它需要员工进行长期的专门培训和自我训练,最终形成职业型的微笑,也就是说员工在服务时的微笑是不受时间、地点、人数的多少、客人的态度、自身的心情等因素影响的。只有具备了专业型的微笑,顾客在接受服务时才能感到温暖。

Excellence：Excellence in everything you do，意指精通业务，要求员工对所从事的每一份工作，都应精通并能做得完美无缺。要使自己精通业务，必须学好每一个服务程序，做好每个动作，并且在实际操作中不断总结与反思，取长补短，不断丰富自己的知识面，做到一专多能。这样，服务时才能游刃有余，应对自如。

Ready：Ready at all times，意指随时准备为客人提供服务。"工欲善其事，必先利其器"。良好的服务意识，源自于事先的精心准备，例如，餐厅服务员要在客人到达前折叠好口布、熟悉各种用具的用途和用量，并清洗干净，确保工具完好无损，备齐菜单和酒水单等。只有各项工作事先都准备好了，给客人服务时才不会手忙脚乱，才会得心应手。

Viewing：Viewing every customer as special，意指将每一位客人都视为特殊的和重要的人物。这一点是员工常常忽略的环节，有的员工看见客人穿戴比较随便、消费额较低和感觉没有派头时就比较怠慢，这往往是客人投诉的直接原因。要避免这一现象的发生，需要在平时就要加强员工的培训教育。

Inviting：Inviting your customer to return，意指要真诚邀请每一位顾客再次光临。客人离店时，邀请下次再来，这也是中华民族热情好客的美德。邀请做得好不好，关键在于是否发自真心来邀请，并且通过适当的体态语言（指人类通过身体的部位，经过长期实践积累、约定俗成的一种特殊语言）来表达，这也是给客人留下深刻美好印象的重要因素之一。

Creating：Creating a warm atmosphere，意指为客人创造一个温馨的气氛。尤其是客人到达前的环境布置，服务过程中的节奏和态度，一定要创造出和谐、友善的氛围来。同时要尽可能掌握客人的偏好或特点，比如客人的口味，左手习惯、睡觉时枕高枕等，提供相应的服务，以便为客人营造出"家"的感觉。

Eye：Eye contact that shows we care，意指要用眼神表达对客人的关心。服务的细腻程度，主要表现在对客服务中是否善于观察，揣摩客人心理，预测客人需求并及时提供服务；是否在客人还没提出要求，就能替客人想到做到，让客人感到亲切舒适，这也就是所谓的超前服务意识。

2）酒店的服务包括服务程序

针对客人的需要，设计的不同形式、不同方式、不同内容的服务程序。

3）酒店的服务包括服务设施和服务项目

为客人提供的各种服务设施和服务项目。包括食、住、行、游、购、康乐、商务等各种设施，以及洗衣、代邮、询问、留言、叫醒、贵重物品保管、行李寄存、医疗、美容、答疑、残疾人服务等各项服务内容。

3.3.2 酒店的优质服务

什么是优质服务,有的专家认为:规范服务+超常服务=优质服务,也就是说优质服务建立在规范服务之上,同时又是超越常规,让客人满意的服务。

酒店产品的质量包括3个部分:一是设施设备的质量;二是食品、商品的质量;三是服务的质量。而服务质量可分为服务态度、服务知识和服务技能等3个方面。在这3个方面中,尤以服务态度最为重要,也最不容易做好。服务态度的标准就是热情、主动、耐心、周到、谦恭,其核心就是对宾客的尊重与友好。良好的礼节、礼貌,一定程度上可减少顾客对服务员知识和技能欠缺的不满。酒店要提高服务质量,就不能不讲究礼节、礼貌。注重礼仪、礼貌,是酒店服务工作最重要的职业基本功之一,体现了酒店对宾客的基本态度,也反映了酒店从业人员的文化修养和素质。礼仪、礼貌就是酒店从业人员通过一定的语言、行为和程式向客人表示的欢迎、尊重、热情和感谢。

1)良好的礼仪、礼貌

礼仪、礼貌表现在外表上,就是要衣冠整洁,讲究仪表仪容,注意服饰发型,在外表形象上要给人以庄重、大方、美观、和谐的感受,显得清爽利落,精神焕发。切忌奇装异服或浓妆艳抹,与客人争艳斗俏。

在语言上要讲究语言艺术,谈吐文雅,谦虚委婉,注意语气语调,应对自然得体。

在行动上要举止文明,彬彬有礼,服务的动作幅度不要太大,动作要轻,坐、立、行都要有正确的姿势,注意克服易引起客人反感的无意识小动作。

在态度上要不卑不亢,和蔼可亲,真诚自然,力戒矫揉造作。从内心发出的真诚微笑是赢得客人好感的"魔杖",在接待服务过程中,要始终笑脸相迎,要具备保持微笑的职业本能和习惯。

2)优良的服务态度

服务态度是指服务人员在对服务工作认识和理解基础上对顾客的情感和行为倾向。良好的服务态度,会使客人产生真诚感、亲切感、热情感、朴实感。具体来说,为客人服务要做到:

①认真负责。就是要急客人之所需,想客人之所求,认认真真地为宾客办好每件事,无论事情大小,均要给宾客一个圆满的结果或答复。即使客人提出的服务要求不属于自己岗位的服务,也主动与有关部门联系,切实解决顾客疑难问

题,把解决顾客之需当作工作中最重要的事,按顾客要求认真办好。

②积极主动。就是要掌握服务工作的规律,自觉把服务工作做在客人提出要求之前,要有主动"自找麻烦"、力求客人完全满意的思想,做到处处主动,事事想深,助人为乐,事事处处为顾客提供方便。

③热情耐心。就是待客如亲人,初见如故,面带笑容,态度和蔼,语言亲切,热情诚恳。在川流不息的客人面前,不管服务工作多繁忙,压力多大,都保持不急躁、不厌烦,镇静自如地对待客人。宾客有意见,虚心听取,宾客有情绪尽量解释,绝不与顾客争吵,发生矛盾要严于律己,恭敬谦让。

④细致周到。就是要善于观察和分析客人的心理特点,懂得从客人的神情、举止发现客人的需要,正确把握服务的时机,服务于客人开口之前,效果超乎顾客的期望之上,力求服务工作完善妥当,体贴入微,面面俱到。

⑤文明礼貌。就是要有较高的文化修养,语言健康,谈吐文雅,衣冠整洁,举止端庄,待人接物不卑不亢,尊重不同国家、不同民族的风俗习惯、宗教信仰和忌讳,时时处处注意表现出良好的精神风貌。

⑥在服务工作中杜绝推托、应付、敷衍、搪塞、厌烦、冷漠、轻蔑、傲慢、无所谓的态度。

3)丰富的服务知识

酒店服务知识涉及面很广,大致可分为如下几类:

①语言知识。

②社交知识。

③旅游知识。

④法律知识。

⑤心理学知识。

⑥服务技术知识。

⑦商业知识。

⑧民俗学知识。

⑨管理经营知识。

⑩生活常识。

除此之外,员工还必须熟悉酒店的基本情况,具体内容如下:

①必须熟悉酒店的行政隶属、发展简史、主要大事记、星级及现在的经营特色。

②必须熟悉酒店附近的几个主要车站的站名,有哪些车经过,主要通往市内何处,经过哪些主要地方。酒店距火车站、飞机场、码头的距离及交通方法。

③必须熟悉酒店内各营业场所的分布及主要功能。

④必须熟悉酒店内服务设施的状况,服务项目的特色,营业场所的位置、营业时间和联系电话。

⑤必须熟悉酒店总经理、副总经理和其他高层管理人员的姓名。

⑥必须熟悉酒店各部门的主要职能、工作范围、经理姓名、办公室位置、电话号码,有哪些主要下属。

⑦必须熟悉酒店的企业理念、质量方针,并理解其含义。

⑧必须熟悉酒店的店旗、店徽。

⑨必须了解本岗位工作的有关规定、标准、要求。对所使用的工具、机械要做到"三知""三会":即知原理、知性能、知用途,会使用、会简单维修、会日常保养。对工作中要使用的各类用品、原料,要熟悉其性能、规格、用途及使用的注意事项。

具备了丰富的服务知识,服务员才能在酒店这个万花筒式的世界里,应对自如,得心应手。如果不具备相应的服务知识,服务员就不可能很好地回答顾客的各种问题,提供优质的服务。

4)娴熟的服务技能

娴熟的服务技能是决定服务质量水平的基础,它包括服务技术和服务技巧两方面。

娴熟的服务技术,要求各项服务操作和服务接待符合数量标准、质量标准和速度标准,操作规程科学。

服务技巧,是指在不同场合、不同时间,针对不同服务对象而灵活做好服务接待工作,达到良好效果的能力。这种能力在酒店工作中有着重要的意义。服务最大的难点就是面对人,而人是很复杂的。规程只能提供指南,却不能提供判断服务方式对错的绝对标准。因此,灵活应对客人的需要,非常重要。不管采用哪种方式、手段,只要使客人满意,就是成功的。

5)快捷的服务效率

服务效率是指为客人提供服务的时限。服务效率在服务质量中占有重要的位置。讲究效率不等于瞎忙,要力求服务快而不乱,反应敏捷、迅速而准确无误。它不仅体现出服务人员的业务素质,也体现了酒店的管理效率。酒店的每项服务都应有具体的效率要求,这样员工在技能训练时,就会参照各项服务标准,刻苦训练。以下是前厅、客房、餐厅、大堂酒吧、工程维修在服务效率上的具体要求:

（1）前厅

①不管是客人前来登记入住还是向酒店进行咨询，一旦客人步入酒店前厅服务台，酒店员工就必须在60秒内对客人进行问候，表示酒店对客人的欢迎。

②当客人前来办理入住登记手续时，酒店员工应当予以热情的接待，同时还要限定服务时间，要求能快速地为客人办完入住手续。

③当客人办理结账及收款事宜时，酒店员工应当以高效率完成。

④酒店员工应当在电话铃响三声前，便将电话接通，同时总台必须提供24小时的电话服务。

（2）客房

①当客人临时提出加床、增添浴巾的服务时，酒店员工必须在服务需求发出10分钟内将客人所需的物品送入客房内。

②客房部员工整理床铺要达到舒适、方便、整洁、安全的要求，同时必须将整理一间客房的服务时间限制为25~30分钟。

（3）餐厅

①餐厅服务员必须在客人进入餐厅落座以后2分钟之内迎接客人，送上菜谱，等候客人点菜。

②从客人点完菜到第一道菜送到餐桌，早餐必须限定在10分钟之内，中餐、晚餐则须限制在15分钟内。

③客人就餐离席后，餐厅员工应迅速将餐桌收拾完毕，并完成新的摆台工作，全部时间不得超过4分钟。

④客人在客房内进行电话订餐，餐厅员工要在规定时间内将客人所需菜点及时送到，早餐送达时间应在25分钟之内，午餐送达时间应在30分钟之内，晚餐则在35分钟之内。

（4）大堂酒吧或酒廊

①酒店员工要在客人落座后30秒之内前往迎候客人，为客人提供服务。

②在客人点好酒水后，一般要求酒店员工在3分钟之内将酒水送到客人桌上；如果遇到营业高峰期，员工也应当在5分钟之内完成服务。

③当客人用完酒水后，员工要迅速完成清桌工作，准备迎接新的客人，完成这些工作必须在2分钟以内。

（5）工程维修

①工程维修人员要在客人打电话告知5分钟内，赶到客人所住的客房，询问情况，展开维修服务。

②当餐厅、会议厅等公共场所向工程维修人员发出维修通知时，维修员工要

在 15 分钟之内到达需要维修的地点,及时展开维修工作。

③当客人需要使用酒店多功能厅开展活动时,酒店工程人员应在会议开始 1 小时之前完成全部布置工作,确保多功能厅或会议厅的音响、灯光正常运作。

6) 优雅的服务环境

环境的优雅是使客人心情愉悦、轻松的重要途径,也是酒店区别于其他场所的一个重要标志。

7) 完善的服务设施

硬件设施是服务的基础,也是优质服务实现的前提条件。优质的服务,靠完善的硬件设施做保证。因此酒店应当通过平时严谨、认真的工作态度,及时地管理、保养、维修好酒店的设施,使酒店所有设施保持良好的运行状态。

8) 齐全的服务项目

酒店应当根据客人的需要,设置尽可能多的服务项目,满足客人在酒店生活和活动的需要,尽可能为客人提供方便的设施和服务。酒店除了设置基本的服务项目外,也可以开辟一些有针对性的特殊服务,以满足部分客人的特殊需要。

9) 可靠的安全保障

酒店是为客人出行提供方便的场所,同时也是提供消费和娱乐的场所,酒店与客人这一合约关系顺利完成的前提,便是客人的安全能够得到保证。酒店应加大对安全防范工作管理的力度,确保酒店的安全运行,加大对设施设备的管理,确保设施设备的正常运转;加强对食品卫生工作的管理,确保食物的安全。

10) 良好的顾客关系

建立良好的顾客关系包含以下几个要素:

①姓名:记住客人的姓名,并以客人的姓氏去称呼客人,创造一种融洽的顾客关系。对客人来说,当员工能认出他时,他会感到自豪。

②词语选择:以恰当的词语与客人搭话、交谈、服务、道别,可以让客人感到服务员更亲切,感到酒店的服务充满了人情味。

③语调、声音:语气、语调、声音是讲话内容的"弦外之音",往往比说话的内容更重要,顾客可以从这些方面判断出你说的背后,是欢迎还是厌烦,是尊重还是无礼。

④面部表情:面部表情是服务员内心情感的流露,即使不用语言说出来,表情仍然会告诉客人,你的服务态度是怎样的。

⑤目光接触:眼睛是心灵的窗口。当你的目光与客人不期而遇时,不要回

避,也不要死盯着客人,要通过适当的接触,向客人表明你服务的诚意。当客人同服务人员讲话时,服务员应暂停手中的工作,眼睛看着客人,立即予以回应。

⑥站立姿势:酒店要求一律站立服务,站立的姿势可以反映出对客人的态度是苛刻、厌烦、淡漠,还是关心、专注、欢迎。应时刻保持良好的站立姿势,如因工作需要而坐着,见到客人应立即起立,切忌背对着客人,忌双手插在衣裤口袋里。忌倚靠门、墙或桌椅等站立姿势。

⑦聆听:听、讲是对客服务中与客人沟通的一个方面,注意聆听可以显示出对客人的尊重,同时有助于更多地了解客人,更好地服务,注意不要随便打断客人讲话。

⑧友谊:酒店是客人的"家外之家",员工是酒店的主人,如果主人的表情冷冰冰,客人做客还有什么意思呢? 当然,良好的顾客关系,不是过分的亲热,更不是私情和亲昵。

⑨对客服务要言行一致,重视对顾客的承诺,不但要说得好,而且要做得好,行动胜过千言万语。

⑩对客一视同仁,不以衣饰、肤色、国籍取人,平等对待每一位客人。

3.3.3　优质服务对酒店的要求

1)优质服务对酒店员工的素质及管理提出了更高的要求

优质服务是全方位的,对酒店的要求也涉及方方面面。尤其是对酒店员工的素质和酒店的管理,提出了更高的要求。它要求每位员工都具备较高的素质,以满足酒店优质服务所提出的更高要求,它要求酒店管理者具备更高的管理能力,能够经常拿出富有创意的策划,紧紧把握酒店市场竞争的每一点动向,细微地掌握客人需求的最新变化,同时能够通过强有力的组织措施、组织手段将优质服务的要求彻底地贯彻下去。

2)优质服务特别强调服务质量的整体性

酒店的优质服务是一个系统概念。酒店服务是一个不可分割的整体,它由各部门各个环节共同组成,形成一个服务的链条。然而这个链条又是十分薄弱的,任何一个环节做不好,都可能出问题,正像我们平时所说的"掉链"一样。酒店管理就是要常抓不懈,确保服务的每个环节都能保证质量的高标准。

3)优质服务特别强调服务质量的高度一致性

酒店的服务,靠的是口碑,也就是靠在顾客中形成的良好印象争取回头客。

优秀的酒店回头客和慕名客的比例占着相当大的比例。酒店必须确保质量的高度一致,努力争取让客人既熟悉,又有新鲜和惊喜的感觉。使客人对酒店的赞誉越来越高,酒店的形象越来越好。

3.3.4 客人对优质服务的心理需求

1)舒适畅快

客人进入酒店,第一印象和第一要求就是舒适畅快,它是决定客人对酒店服务是否感到优质的决定性评价标准,如果酒店给客人留下的印象是狭窄压抑、沉闷乏味,那么,即使酒店员工表现再出色,也很难让客人对酒店服务留下良好的印象。舒适畅快要求主要表现在以下几个方面:

(1)宏观环境

①交通方便,环境安静。

②酒店建筑与周围的建筑环境协调一致,视野开阔,酒店的外观形象新颖别致、风格独具,整个建筑气派典雅富有艺术魅力。

③酒店的内部空间宽阔舒畅,没有局促、狭窄、气闷的感觉。

④酒店的内部装修气派美观,造型新颖,富有情趣,整个酒店的内部色调和谐典雅,品位独具。

(2)微观环境

①视觉上:采光良好,室内宽敞,外部视野开阔,物品摆放整齐,布局合理,硬件设备清洁卫生,电视画面清楚。

②视觉上:音响设备声音和谐悦耳,冰箱、空调、电话、电梯等设施运行状态良好。

③味觉上:酒店所提供的食品色香味俱佳,盛放食品的器物美观别致,用餐环境卫生舒适,总体上能够引起客人良好的味觉享受。

(3)流动环境

酒店员工着装整齐统一,美观大方,别具特色,服装颜色与环境相协调,面料质量好;言谈举止大方得体,彬彬有礼,处处体现出对客人的礼貌。

2)方便快捷

酒店的服务内容、服务项目、服务设施都能充分考虑到大部分客人的要求,使客人基本上不用出酒店就能使自己的大部分要求得到满足,并且这些要求能够按照客人的吩咐不打折扣、快速准时、高效优质地完成。

3）物美价宜

酒店应当注意到客人对酒店服务和价格之间的心理接受状态。一方面,要保证酒店的服务质量;另一方面,要确保酒店所制定的各项服务价格与所提供的服务质量、服务档次相适应。只有这样,客人才会感到酒店服务的正规、管理的严格,感到消费的称心如意。

4）谦让照顾

酒店员工在提供服务的过程中,有时也难免会与客人产生矛盾,这些矛盾的起因或来自酒店员工,或来自客人。酒店员工应尽力满足客人的要求,态度和蔼,语言礼貌,语气温和,方式诚恳,尽量把不良的影响控制到最低的程度。

5）安全卫生

酒店应当采取相应的措施保证客人的隐私权、人身不受到伤害,人格、荣誉、自尊、精神不受到挫伤,生命、健康不受到威胁,使客人时时体验到安全感。

3.3.5　做一个合格的酒店员工的基本要求

1）酒店员工应具备良好的观察力,以便把握服务时机,主动地、有针对性地搞好服务

服务员最令宾客佩服的本领,就是能把宾客最感兴趣的某种需要一眼看穿,并根据实际情况提供相应的服务,而达到这一良好效果的前提,就是服务员能透过宾客的外部表现去了解其心理活动,这种能力就是服务员的观察力。一个观察力很强的服务员,在日常接待中能够通过对宾客眼神、表情、言谈、举止的观察,发现宾客某些不很明显又很特殊的心理动机,从而运用各种服务心理策略和灵活的接待方式来满足宾客的消费需要,把服务工作做在客人开口之前。具体来说,要注意以下几个方面:

（1）留心观察宾客的体态表情,不失时机地提供有效服务

宾客的行为举止和面部表情往往是一种无声语言,他们的心理活动,无一不在这方面流露出来。如客人进了餐厅,服务员就站在旁边等候点菜,有时这非但不能使客人得到享受,反而会感到不便,甚至紧张。因为,如果是会餐,他们还要大家商量商量,如果是宴请,主人还要征求客人的意见,此时,服务人员站立一旁就显得不够得体。餐饮服务的实践表明:服务员恭恭敬敬地递上菜单后,应稍退一旁,不时关注他们,让他们自行商量一会儿,在主人抬起头时,服务员立即出现在他们面前,或回答他们的问题,或听他们点菜,或自然地介绍,推销特色菜肴。

总之,何时出现,要恰到好处。

(2)注意分析宾客的语言,掌握宾客的需求趋向

服务员从宾客的相互对话中,能观察到宾客的心理状态,宾客之间的关系,宾客的爱好以及所期望的服务项目,从宾客的自言自语中,也能悟出他的心事。曾经有一次,有位宾客在吃辣酱面时,自言自语地讲了一句"不够辣",被细心的服务员听到了,随即送上了辣椒油,宾客很感动,欣然提笔写道:"贵酒店处处为宾客着想,时时为宾客提供方便,这种精神令人钦佩,真是辣在嘴里,暖在心里。"

有一次,某餐厅来了几位宾客,从他们的谈话中,服务员了解到,是一个宾客要宴请宾朋,既要品尝某个名菜,又想尝尝其他特色菜点。服务员就主动介绍本店的各种风味小吃,从烹制方法说到口味特点、营养价值,说得宾客们馋涎欲滴,食欲大增,接连点了好几个菜点,个个吃得津津有味,高兴异常。

(3)正确辨认宾客的身份,注意宾客所处的场合

宾客的职业、身份不同,对服务工作要求就不一样。即使是同一客人,在不同的场合,对服务的需求心理也是不一样的,这就要求服务员要根据宾客的不同年龄、性别、文化、职业、情趣、爱好,从接待招呼用语,到商品介绍、礼貌服务、要各有侧重,稍有区别。

概括起来,就是通过举止看需求,考虑环境场合,观察心境,把心境和需求结合起来确定服务时机和服务方式。只有这样,才能准确掌握与宾客搭话、讲解与介绍的时机,准确掌握为宾客送茶倒水的"火候",准确掌握为宾客添酒加菜的最佳时刻和提供其他具体服务的良机,提供有针对性的服务。

2)要有妥善处理各种矛盾的应变能力

在服务过程中由于服务员与宾客分别代表着不同的利益,因此,双方之间的意见不一致是客观存在的。这就需要服务员要有很强的应变能力,正确地处理各种矛盾。在既不损坏酒店声誉,又能维护宾客情面的情况下,妥善把问题处理好。

要提高在复杂服务环境下的个人应变能力,必须明确3个问题:

①服务员是酒店的代表,但也要设身处地地站在宾客的立场上来考虑问题,即应常想一想"假如我是一个宾客",理解客人的实际困难和心理感受;

②服务员个人的面子好挽回,但酒店失去的信誉是谁也找不回来的,要以维护酒店的信誉为第一;

③除个别情况下,宾客对服务员的态度,往往是服务员对宾客态度的一面镜子。

因此,在处理与宾客发生的一般性矛盾时,服务员就要坚持做到:

①客观考虑宾客的利益,适当做些必要的让步;

②弄清宾客的动机,善意地加以疏导;

③服务员的克制与礼貌,是扑灭宾客怨愤之情的"灭火剂"。

3）坚持自觉性

没有自觉性的人,工作没有目的,也没有目标,工作要等别人指派,任务要靠人督促,事情往往要"推一推,转一转",能推就推,能拖就拖,怕麻烦,怕辛苦,能不做就不做,能让别人做就让别人做,缺乏主动性。有时在工作中忽东忽西,学习不刻苦,工作不专心。

在服务工作中坚持自觉性,就是要强化主动服务的意识。主动服务就是要掌握服务工作的一般规律,善于观察分析客人的心理和特点,懂得从客人的神情和举止中了解其需要,服务于客人开口之前,至少在宾客开口之后要马上服务。主动服务就是要"主动找事做",对职责范围内的工作,不用上级督促,不需宾客提出便主动服务,对于可做可不做的事情,要主动热心去做,不怕麻烦,任劳任怨。

4）保持自制力

自制力是一种对个人感情、行为的约束控制力。自制力强的服务员,善于控制自己的情绪,约束自己的情感,克制自己的举动,使之符合酒店的要求。自制力高的服务员,无论发生什么问题,都能做到镇定自若,善于掌握自己的语言分寸,不失礼于人。

在日常服务过程中,由于各种因素的影响,不愉快的事情也是时有发生的。减少这类事情发生的机会,就要加强自身的自制能力。加强自制力,要注意以下几个方面:

①当自己心情欠佳时,不应把情绪发泄到客人身上。诚然,每个服务员都是一个实实在在的、有血有肉有感情的人,都会遇到不顺心或伤心的事,甚至会在表情、动作、语言中表现出来。但是在服务工作过程中,能将喜怒哀乐都"形之于色"吗?客人是酒店的"皇帝",而非"受气筒",是花钱来买服务的。因此服务员要善于驾驭情感,做好自我调节,不要把情绪发泄在客人身上,不要把不满或怨恨发泄在工作中,更不能粗暴地端茶上菜、收拾碗筷,这些都容易让宾客不满。也要注意自己的面部表情,避免生硬或者麻木无表情,更不能对宾客的询问不理不睬,这样也极易引起客人的误会,在服务工作中,必须尽力避免类似情况的出现。必须保证面带笑容,控制自己,不把不愉快带给宾客(有条件的话可先照镜子检查一下自己的笑容,或深呼吸几次,以便控制自己的情绪),礼貌地为宾客

做好服务。

②当宾客提出批评时,应冷静地对待。客人对酒店提出批评,大多数是处于对酒店的爱护和信任,是善意的,应当虚心接受。切不可针锋相对,使矛盾激化,造成不可收拾的局面。如属客人无理取闹,则交由领导处理。

③当宾客不礼貌时,切不可以牙还牙,而是要有礼、有利、有节地解决问题。

④当接待客人较多,工作量较大时,应注意服务态度和工作效率。实在忙不过来时,也要:

a.要对客人讲礼貌,不要有客人多是有求于服务的思想,更不能对客人冷淡、无礼、不耐烦。酒店兴旺、宾客多,这是宾客对酒店的信任,千万不能让客人有"有求于你们时你们不热情,你们有求于我时才热情"的感受。

b.要提高工作效率,做到镇定自如,忙而不乱,有条不紊地接待客人,做到"接一答二招呼三",接待好每位客人。

⑤淡季和空闲时,要严格自律。淡季或空闲时,客人较少,服务员往往会松懈,容易放松对自己的要求,如有的扎堆闲聊、发牢骚、讲怪话等。可以说,空闲期间往往更容易检验服务员的意志。空闲时,服务员更应该严格要求自己,做到有无客人都一样。这时可以为服务高峰期作好各项准备工作,如整理工作场所,收拾工作柜台,熟悉一下当天供应的食品、饮料、客人状态等情况,以备客人到来时把服务工作做得更好。

⑥控制私欲的过分膨胀,不做一失足成千古恨的事。酒店是高消费的场所,客人的消费往往和服务员的工作报酬形成强烈的反差。对此服务人员一定要有足够的心理准备,要有自己坚定的理想信念,绝不能私欲膨胀,利用工作之便,做违纪违法的事情,更不能出卖灵魂和肉体,走上犯罪道路,做一失足成千古恨的事情。

⑦心平气和,忍让冷静。员工在与同事、上级的交往中,发生矛盾是在所难免的,遇到这种情况,员工应冷静地对待。因工作与上级发生争议,应从大局出发,即使有意见或情绪,也不能在同事或宾客面前顶撞上级,与上级争吵,而应事后以适当的方式提出。如与同事因工作、性格、言语等发生争执,也应以理服人,得理让人,不能蛮不讲理,争吵嘲讽谩骂,甚至一时冲动打架斗殴,造成严重后果。

⑧讲究礼貌,遵守纪律。在日常工作和生活中,要以礼貌规范和纪律条例来规范自己的行为,要以良好的自制力克服日常生活中的不良习惯,保持着装整洁,谈吐文明,行坐端庄,举止得体。坚持以纪律作为行为的准则,不做违反纪律的事,坚决杜绝一切不正之风,做个高尚文明的公民。

3.3.6 世界著名酒店的优质服务

1）洲际酒店优质服务

①始终微笑、热情地问候遇到的每一位客人和同事,用姓名来称呼他人。

②友好、礼貌,应尽快和友好地满足每位客人及同事的要求。

③着装整洁、姿态端庄,通过外表和行动来体现专业形象。

④致力于让客人感受到舒适与安全。

⑤准确地提供关于酒店设施和周围环境的信息。

⑥乐于助人,应竭尽全力地帮助客人。

⑦乐观向上,语言与行为应尽量保持高度的热情。

⑧向客人提供更多友善、轻松、诚恳及专业的服务。

⑨留意客人,洞察他们的需要。

⑩具有团队精神,尊重、礼貌地对待同事及下属。

2）喜达屋酒店优质服务

①微笑与问候（Smile&Greet）。

②交谈与倾听（Talk&Listen）。

③回答与预计（Answer&Anticipate）。

④圆满地解决客人的问题（Resolve）。

这4条标准的第一个英文字母连起来刚好就是STAR,即"明星"的意思,它言简意赅地涵盖酒店行业优质服务的精髓。

本章小结

本章是本书的重点。本章讲解了酒店服务意识的概念、为什么要有服务意识、服务意识在酒店中的作用以及服务意识的内涵,就如何培养服务意识做了深刻的探讨。本章提出要利用良好的服务意识来创造卓越的服务。

复习思考题

1.什么叫酒店服务意识?

2.服务意识在酒店中有何重要作用?

3.如何培养自己良好的服务意识?

第 4 章
酒店服务技巧

【本章导读】

本章概述了酒店服务中常用的聆听技巧、沟通技巧、微笑技巧、赞赏技巧、语言艺术、电话接听技巧,通过本章的学习,使读者了解这些技巧在酒店服务中的作用,并为读者掌握这些技能提供了一些方法及建议。

【关键词】

精神风貌　仔细聆听　沟通理解　微笑服务　真诚赞赏　语言艺术　接听技巧

【案例导入】

吃一碗面的客人要订 18 桌婚宴

一天中午,餐厅里来了一位老先生,这位老先生自己找了一个不显眼的角落坐下,对面带笑容前来上茶、点菜的服务员小秦说:"不用点菜了,给我一碗面条就可以,就三鲜面吧。"服务员仍然微笑着对老先生说:"我们饭店的面条口味不错,请您稍等,喝点茶,面条很快就会做好的。"说完,小秦又为客人添了一次茶水。

10 分钟后,热气腾腾的面条端上了老先生的餐桌,老先生吃完后,付了款,就离开了餐厅。

晚上 6 点多,餐厅里已经很热闹了,小秦发现中午的那位老先生又来了,还是走到老地方坐下,小秦连忙走上前,笑语盈盈地向老先生打招呼:"先生,您来了,我中午没来得及向您征询意见呢? 面条合您的口味吗?"老先生看着面带甜美笑容的小秦说:"挺好的,晚上我再换个口味,吃炒面,就肉丝炒面吧。"小秦给客人填好单子,顺手拿过茶壶,给客人添上茶水,说:"请您稍候。"老先生看着微笑着离开的小秦,忍不住点了点头。

用餐完毕,小秦亲切地笑着询问老先生:"先生,炒面合您口味吗?"老先生说:"好,好,挺好的。我要给我侄子订 18 桌标准高一些的婚宴,所以到几家餐厅

看看,我看你们这儿服务很好,决定就在这儿啦。"小秦一听只吃一碗面的客人要订18桌婚宴,愣了一下,马上恢复了笑容,对老先生说:"没问题,我这就领您到宴会预订处去办理预订手续。"

只吃一碗面的客人原来是为了给其侄子选择举办婚宴的餐厅,而服务员小秦自始至终面带微笑地为他提供规范的服务,并没有因为其消费低而对客人冷眼相看,结果客人当场预订了18桌消费标准较高的婚宴,可见餐厅服务的好坏直接影响企业的声誉和经济效益。

中国向来被人们称为"礼仪之邦"。在中国几千年的历史进程中,"礼"一直是中国人全部政治、经济、文化生活的外在框架,是中国传统文化的重要组成部分。每一个炎黄子孙无不为祖国源远流长、丰富灿烂的礼仪文化感到骄傲和自豪。而服务技巧作为服务礼仪的具体体现,我们必须予以高度重视。

酒店员工的礼仪、形象及服务技巧是知识水平、修养、风度的反映。酒店不仅需要每位员工具有得体的仪表、姿态,规范的行为举止,而且更需要具有良好的精神风貌和高超的服务技巧。

在产品质量越来越接近的今天,酒店之间的竞争主要就是服务与管理的竞争。要想做好服务,员工在掌握必要的操作技能的同时,还必须努力提高服务技巧,提高服务技巧不是从态度和形式上去讨好顾客,而是要让顾客从心理上去认可和接受。

高超的服务技巧可使我们在对外(对客)服务工作中游刃有余、事半功倍,也可使酒店取得良好的社会效益及经济效益;对内则可树立良好的个人形象,化解矛盾、增加友谊,使我们在和谐的环境中快乐地工作,并且员工个人也会因此得到良好的回报(提职、提级、增加收入、获得经验、获得快乐等)。

服务技巧不仅适用于外部,也适用于酒店内部,因为大家的目标是相同的,而服务是相互的。服务技巧的运用要建立在员工具有较强的责任心、爱心和熟练的专业知识的基础上,这也是展现酒店及个人风采的机会。

服务技巧的掌握可使我们弥补酒店服务及实物出品等方面的不足,可避免"冷面人卖热面,食者不寒而栗"的尴尬场面,进而转变为"热心人售冷面,使人暖流在心"的有利局面。

本章从聆听、沟通、微笑、赞赏、语言艺术和电话接听等6个方面来为大家介绍如何掌握酒店的服务技巧。

4.1　聆听技巧

聆听不是保持沉默,而是仔细地细听对方说了什么,没说什么,以及话里的真正含意,通常情况下,我们会急于表达自己的感受或询问对方问题,以为这样就是聆听。但事实并非如此。聆听,是用我们的眼耳身心去听对方的声音,不追问事情的前因后果。

积极聆听是一种非常好的回应方式,既能鼓励对方继续说下去,又能保证你理解对方所说的内容。

4.1.1　聆听的原则

平时跟别人谈话时,听话的多与少可能决定你未来讲话的多与少,听话的好与坏,可能决定你未来讲话的好与坏。听话的水准决定说话的水准,所以听话决定讲话,听得是否到位决定是否说得耐听。什么叫不简单? 把简单的事情成千上万遍地重复去做,把它做到最好就叫不简单。什么叫不容易? 把别人认为容易的事情成千上万遍地重复去做,把它做到最好就叫不容易。把简单、有效的方法不断重复去演练直到成为不可复制、不可替代就成了绝招,这在人际沟通中特别重要。

在聆听的过程中,我们需要注意聆听的原则:

①聆听者要适应讲话者的风格。每个人发送信息的时候,说话的音量和语速是不一样的,你要尽可能适应他的风格,尽可能接收他更多、更全面、更准确的信息。

②聆听不仅仅用耳朵在听,还应该用眼睛看。耳朵听到的仅仅是一些信息,而眼睛看到的会传递给你更多的思想和情感,因为这些需要更多的肢体语言去传递。听是耳朵和眼睛在共同工作。

③要理解对方。首先寻求理解他人,然后再被他人理解。听的过程中一定要注意,站在对方的角度去想问题,而不是去评论对方。

④鼓励对方。在听的过程中,看着对方,保持目光交流,并且适当地去点头示意,一定要有兴趣地去听。

⑤弄清问题。聆听时,当发现自己心里响起"我没听懂"的声音时,你可礼貌地问问对方,把问题弄清楚,否则,就可能会产生误解,并且不理智地对待问题。

4.1.2　聆听的注意事项

1)作好心理准备

聆听时他(她)可能带有情绪;谈话的时间可能很长;可能会用意义不明确的字与词;可能他(她)讲的话题你并不感兴趣。

2)"四不要"

①不要打断;

②不要插嘴;

③不要争论;

④不要忙下定义,应暂停判断。

3)专注

专注就是用心聆听,人在心亦在,争取和维持目光的接触。如果不够专注,你的倾听是没有效果的,会影响你的客户对你的信赖。你心不在焉,会让别人很快觉察到。因为姿态是内心声音的反映,别人看你外在的姿态,就能感受到你内心的声音。

4)回应

赞美、肯定、身体前倾、眼神交流等等这些方式都是一种回应。

5)做笔记或复述

做笔记或复述就是在听对方讲话的时候,先记住对方谈话的重点,特别是那些值得他骄傲的、自豪的、最感动的或者是他最关注的事情。然后你再复述一遍,他会很开心很高兴,觉得你很重视他。这样一来,他就不会拒绝你,买单也就不成问题了。

6)分享

很多人都不懂得与人分享的好处。每次跟人谈话结束的时候,讲"今天跟你的交谈让我深受启发,获益良多!"能在分手的一刹那,给同事及客户留下美好的感觉和回忆。分享会产生很大的力量,对下一次合作有很大的推动作用。

4.2 沟通技巧

许多人在研究人生成功之道时,都不约而同地发现这样一种现象:一个人每天 60%～80% 的时间在用于直接或间接的与外界的亲人、朋友、同事、客户及其他重要的人进行着沟通活动。于是,他们得出结论:一个人一生的幸福是人情的幸福,一个人一生的丰富是人缘的丰富,一个人一生的成功是人际沟通的成功!认真分析一下我们自己的实际,不难发现:我们生活中的不满或失意,大部分是因为我们的人际关系出了问题;工作上的最大障碍往往来自于与上司、下属、其他同事及客户的沟通不利;学习上的低效,是自我与老师、同学及与自我沟通的不足……的确,沟通即是酒店及员工的财富。沟通对于任何人、任何企业的成长、壮大来说,都起着至关重要的作用。为此本节的目的如下:掌握沟通的原则、沟通的注意事项。

4.2.1 沟通的原则

沟通的基本原则,即先不去评判,把注意力焦点放在搞懂对方的意思上,真正弄懂了对方的意思后,再发表自己的看法。

①与人交往时,应该用 50% 的时间去听,用 25% 的时间来提问,用 25% 的时间来回答疑义处理。你应该多听,少说。

②沟通时注意的另外一个原则:别人对你的了解,7% 通过你所说的内容,38% 通过你的语气、语调,55% 通过你的形体语言。

③正确地表达:

a.内容的准确性。讲话起决定性的应该是内容而非形式。

b.概念的准确性。与书面语言不同,写报告,想好了才写,而且字斟句酌;而口头,是张嘴就来、脱口而出,其准确性易打折扣。(例:在大排档,点了一个荷兰豆炒猪肝,上菜时,服务员高声问道:谁的肝? 顾客想也没想,高声应答:我的肝。)

c.表达方式的准确性。语言符合逻辑要求。但说的逻辑与听的逻辑是不一样的。下面这则笑话就说明了这个问题。

笑话:逻辑上的误差

聚会:连主人共 4 个人,都在等一位同伴,等久了,主人无意说了一句:怎么搞的,该来的还不来。其中一位听了,心想:那我就是不该来的了,于是准备走,主人挽留,但终于还是走了。主人又说:不该走的又走了。余下两位,其中一位自卑一点,心想:他不该走,那就是我应该走了,于是起身告辞,主人怎么也挽留不了,叹气道:唉,我说的根本不是他们俩。最后剩下的一位听了这句话也走了。

④适当表达:也指时空、对象的适当性。例:在国企称同志们;在面对外宾及外交场合则称:"女士们、先生们"(Ladies and Gentelmen)。

⑤清晰地表达。书面表达如果字迹潦草,可戴老花镜一个一个查字典,但口头表达与书面表达不同,缺乏一个有形的物质载体,说话不清晰,便听不懂,影响沟通。

⑥礼貌地表达。

a.注意礼仪礼节、风俗习惯的不同,养成良好的语言习惯。

b.说话的语气、语调、音频、音幅都是非常重要的。

c.目光。与人沟通时,用得最多的器官应是:眼睛。但如果目光交流不当,会影响交流的气氛。当与别人交流时,应有礼貌地注视对方,但不能"盯"着别人,除非公安人员审犯人,才能直截了当地盯着犯人的眼睛。另一种情况:盯着别人,可能是你对谈话内容不感兴趣,但对他本人感兴趣,如盯上十几秒钟,则为不一般的关系,而是"相见恨晚"了。

注视对方,应一两秒钟转移一下视线,但不能"滴溜溜"地转,应在对方嘴、眉、三角区之间转移,最好的方式:眨眼,但眨眼频率不能过快(以为你在对他抛媚眼),也不可过慢(即时间过长会无精打采、被对方认为你瞧不起他或认为你不想理会他)。

⑦点头。当你认同对方时,则可点头示意。点头也有"会意"的意思(在洗手间)或尊重、鼓励的意思(当别人说话时,但不可过密)。

4.2.2　沟通的注意事项

1)"四不要"

与对方交流、沟通时应注意下列"四不要"。

(1)不要打断

当你打断别人的时候,你是在扼杀别人说话的兴趣。

(2)不要插嘴

插嘴等于往菜里面乱放佐料,菜的味道就会变得不好吃。

（3）不要争论

争赢了也输了，争输了还是输了。

（4）不要忙下定义，应暂停判断

把别人说话的意思以自己的理解乱下定义，匆忙判断，这样往往会改变别人说话的意思，把你的意思强加在别人语言模式里，会造成很多的误会和冲突，不能达到有效的沟通。

2）不批评、不责备、不抱怨、不攻击、不说教

批评、责备、抱怨、攻击这些都是沟通的刽子手，只会使事情恶化。

3）互相尊重

只有给予对方尊重才有沟通，若对方不尊重你时，你也要适当地请求对方尊重，否则很难沟通。

4）绝不口出恶言

恶言伤人，就是所谓的"祸从口出"。

5）不说不该说的话

如果说了不该说的话，往往要花费极大的代价来弥补，正是所谓"一言既出，驷马难追""病从口入，祸从口出"，甚至于还可能造成不可弥补的终生遗憾哩！所以沟通不能够信口雌黄、口无遮拦。但是完全不说话，有时候也会使沟通变得毫无意义。

6）激动时不要沟通，尤其是不能够做决定

激动时的沟通常常无好话，既理不清，也讲不明，尤其在冲动时，很容易失去理性，如：吵得不可开交的夫妻、反目成仇的父母子女、对峙已久的上司下属……，往往无理可讲，尤其是不能够在激动时做出情绪性、冲动性的"决定"，这很容易让事情不可挽回，令人后悔！

7）承认我错了

承认我错了是沟通的消毒剂，可解冻、改善与转化沟通的问题，就一句：我错了！勾销了多少人的新仇旧恨，化解掉了多少人多年打不开的死结，让人豁然开朗，放弃对立。

8）耐心等待转机

如果沟通没有效果，就要等待，不能急，急，只会火上浇油。当然，空等，成果也不会从天下自己掉下来，还要你自己去努力。努力不一定会有结果，但若不努力，你将什么都没有。

9)设身处地的沟通

工作中的沟通更多的是传递信息和思想,而生活中的沟通更多的是传递思想和情感,这种差距导致了沟通方式和方法的差异,而如果把工作中的沟通方法带到生活中来,或者把生活中的沟通方法带到工作中去,有时候就会显得很被动。哪一类沟通,用哪类办法,要学会换位思考。

4.3 微笑技巧

4.3.1 微笑与眼神

1)微笑

大家都知道珍藏在法国的达·芬奇名作《蒙娜丽莎》,蒙娜丽莎以其含蓄迷人的微笑,把人类的美,升华到永恒的境界。微笑是"诚于衷而形于外",因此,它应当是出自内心的真诚;微笑是一种国际礼仪,也是一种服务技巧,它体现了人类最真诚的相互尊重与亲近;微笑是最基本的礼仪,它应伴随着我们渡过工作和生活的每一刻,无论你是对待同事,还是对待家人、朋友,都应该露出真诚的微笑。

人与人相识,第一印象往往是在前几秒钟形成的。而要改变它,却需付出很长时间的努力。良好的第一印象来源于人的仪表谈吐,但更重要的是取决于他的表情。微笑则是表情中最能赋予人好感,增加友善和沟通,取得愉悦心情的表现方式。一个对你微笑的人,必能体现出他的热情、修养和魅力,从而得到他人的信任和尊重。人是表情最丰富的高级灵长类动物,而服务行业最常用的表情也就是微笑。当然,真正甜美的,而非过于职业化的微笑必是发自内心的,也正是客人真心需要的服务方式。当然,应该注意的是,不能对各种各样的事情都"一笑了之"。

2)眼神

眼睛是心灵的窗户,微笑时的眼神是非常重要的。微笑时注意与对方保持目光正视是很有必要的。高于对方视线的微笑会让人感到被轻视,低于对方视线的微笑会让人心存戒备。沟通时,眼睛要有胆量正视对方,要有胆量接受对方的目光。要坦率,而不是瞪视。瞪着别人会给人一种要想探视别人隐私的感觉。

礼仪规范称最得体的眼神为"散点柔视",当然,应根据交往对象的远近、数量的多少、在不同的范围"散"视。两个人在社交距离上的交往中,目光通常是集中在对方两眼和鼻尖构成的倒三角形的中心,并以此向外扩散,上至发际,下到衬衫的第二个纽扣,两边到耳,保持在这样的一个范围内(以三角区域划分,视线在眉毛和胸之间为平易形;视线在眉毛和鼻子之间为商业谈判所用,视线在额头和眉毛多为长辈对晚辈时所使用),可能这样的一种"专业"眼神一时还难以把握,但至少应避免偏视、俯视、斜视、窥视、凝视等不受人欢迎的眼神。

微笑是人类最美丽的语言。如今很多行业已把微笑作为员工的工作准则。但这并不是说只要微笑,就一定能达到微笑服务的效果,也就是说我们并不停留在微笑服务的表层上,而应当把它当作素质服务的一种表现形式。

微笑用于商业它就是微笑服务。

4.3.2　微笑在服务中的作用

①微笑是最廉价的营销活动,在酒店服务中,当你对顾客会心一笑,在感受到你的服务的同时,客人就会通过比较,选择感受好的酒店入住,并介绍给其亲朋好友,义务地为酒店树立良好的形象。

②微笑服务对人的情绪有着主动作用和诱导作用。

③微笑服务是职业道德的重要内容。

④微笑服务是服务工作的润滑剂,可以有效地缩短双方的距离,创造良好的心理气氛,这也是服务人员与客人、同事建立感情的基础。

⑤微笑表示你愿意为客人服务。微笑服务是一种特殊语言——情绪语言,它可以代替语言上的欢迎,我们平常也可以体会得到:当客人进酒店的时候,你向他微笑,客人就会感到很轻松,随着一声:"先生/女士,我能帮你做些什么?"的问候,客人就会感受到你的热情与主动。

⑥微笑可以表达从容;微笑可以表达真诚;微笑可以表达自信。

4.3.3　微笑的意义

①微笑是旅游企业员工自身的需要。员工的微笑是对客人热情友好的表示、真诚欢迎的象征,它是一种健康有益的表情。

表情是面部姿态的变化,是人们思想感情的外露。它具有沟通感情、传递信息的作用。两人一见面,可通过真诚自然的微笑,给对方留下良好的第一印象。

微笑迎客,是员工尽心尽职的表现,表达了服务员对宾客尊重的责任感与主动性,也是员工实现企业"宾客至上,优质服务"宗旨的具体体现,是搞好接待服务的重要手段。同时,在礼尚往来、主客交融、相互感染的过程中,创造出融洽、和谐、互尊、互爱的气氛,又大大地减轻了员工体力上的压力与心理上的波动,激励员工信心百倍地投入到工作中去,达到"乐在其中"的更高境界。

②微笑是客人感情的需要。旅游服务人员的微笑对客人起着积极情绪的诱导作用。

旅游服务人员的真诚微笑,可使客人感到旅游途中处处有"亲人",那种初到异地的陌生感、疲劳感、紧张感顿时消失,进而产生心理上的安全感、亲近感和愉悦感。由此可见,微笑是无声的语言,是无声胜有声。客人光临,微笑是欢迎曲;初次见面,微笑是问候语;客人过节,微笑是祝贺歌;工作有差错,微笑是道歉语;客人离店,微笑是欢送词。

③微笑是旅游企业效益的需要。员工的微笑,是旅游业服务质量的重要标志,对提高企业的声誉,获得最佳的经济效益和社会效益,起着十分重要的作用。

古人云:"没有笑颜不开店。"微笑可以赢得高朋满座,产生最大的经济效益。世界上不少著名的企业家也深知晓微笑的作用,给予了很高的评价,甚至奉为治店的法宝、企业成功的经营之道。

4.3.4 微笑的要求

笑,乃是人的生理现象,人人都会。我们应该用什么样的方法,来赢得客人的信任呢? 答案是微笑。微笑因情绪的不确定,往往会呈现出不同的神态。例如有神秘的笑,轻蔑的笑,忧郁的笑,呆痴的笑,醉人的笑,妩媚的笑,甜蜜的笑,真诚的笑。不同形态的笑,将会给人以不同的情绪感染。从酒店服务的实际出发,甜美而真诚的微笑是最值得推崇的。

所谓甜美,应该笑得温柔友善、自然亲切、恰到好处,给人一种愉快、舒适、幸福、动人的好感与快感。

所谓真诚,应该是内心喜悦的自然流露。微笑,应该是略带笑容、不出声的笑。

至于勉强敷衍的笑、机械呆板的笑、尴尬的笑以及皮笑肉不笑等,都是员工们要注意必须防止的。甜美而真诚的微笑,是饭店员工的基本功之一,它贯穿于接待服务过程的始终。

微笑还要与规范的服饰仪容、言谈举止和良好的服务态度相结合,形成完

整、和谐、实实在在、有效果的优质服务,才能显示出它真正的魅力。

4.3.5 微笑技巧

首先要掌握微笑的基本要领,使之规范化。微笑的基本要领是:放松面部表情肌肉,嘴角两端微微向上翘起,让嘴唇略呈弧形,不发出声音,轻轻一笑。许多人认为:微笑就是简单的嘴角牵动,这并不准确。我们知道,微笑是一种面部表情,真诚的微笑是一种最美的面部表情,它能让客人、同事感受到来自心底的温暖之情。如果想笑不会笑,不会笑还想笑,该笑不笑,不该笑乱笑,结果只会适得其反。对于客人、同事来说,脸上硬挤出来的笑,说实在的还不如不笑。要想有真诚的微笑,员工就必须提高自身的思想认识和文化素质。真正的微笑还要以诚挚为根基,发自内心,出于真诚,同时还要与五官神态、行为举止和仪表仪容相结合,方能最大限度地发挥微笑的功效。

微笑要注意4个结合,才能更加完善。微笑必须发自内心才会动人,只有诚于中才能美于外。因此必须注意4个结合:

①微笑和眼睛的结合。在微笑中眼睛的作用十分重要,眼睛是心灵之窗,眼睛具有传神传情的特殊功能。只有笑眼传神,微笑才能扣人心弦、情真意切。

②微笑和神、情的结合。"神"就是笑出自己的神情、神态,做到精神饱满;"情"就是要笑出感情,做到关切友善。

③微笑和仪态、仪表的结合。得体的仪态,端庄的仪表,再配以适度的微笑,就会形成完整和谐的美,给人以享受。

④微笑和语言的结合。语言和微笑都是传播信息的重要因素,只有做到二者的有机结合,才能相得益彰,微笑服务才能发挥出它的特殊功能。

微笑时要想到,微笑是展现才华的机会,是表达感恩的机会,是增加收入的机会,微笑可以表达我们的爱心、自信和真诚。

在传达微笑的情感服务时,还要注意眼神表情的运用。

(1)作用

眼睛是人们心灵沟通中,最清楚、最准确、最能传神的信号。它最富有表情,因而有"眼睛是心灵的窗户"的美称。在传情达意中,一个人的眼神往往能反映出其整个内心深刻的内涵和多彩的感情世界。

(2)要求

一位训练有素的旅游服务人员,必须明确,当他面对客人时,只有双目正视对方,信息的传递与感情的沟通和交流才能建立,微笑服务才会更传神、更亲切。

目光运用的基本要求是:真诚专注、亲切自然、明亮有神:

①真诚专注。旅游服务中,要使注视行为真诚专注,主要表现在注视方式、注视部位、注视时间这3个方面。

第一,注视方式(或称视线)。根据服务时的具体情况而定。当客人来到你的面前,应采用"正视"的目光,即两眼平视向前,注视对方两眼与嘴鼻的"倒三角区",并用礼貌用语表示欢迎,以表示你对客人的尊重;当服务员倾听客人讲话时,同样要注意礼貌地正视对方"倒三角区",这是对他人的谦虚与恭敬。切忌采用"旁视"目光:东张西望、左顾右盼、三心二意、游移不定;也不能"忽视":不经意地习惯看表;更不能"不视":只顾低头看下,另做他事。当客人在较远处向你走来,应采用"平视"目光,注意前方客人的到来,并做好热情迎客的准备;当几位客人从不同方向,同时走来并出现在你的面前,应采用"环视"的目光,即眼观"六路"(左右、前后、里外),注意迎接多方客人的到来,同时用"环视"的方式,有意识地顾及到在场的每一位客人,让他们感觉到你没有忽视他们其中任何一位的存在。通过多角度目光的接触,全面地了解每一位客人的心理反应与需求,以便灵活应对,调整自己的对客服务与接待;当你参加会议,坐着倾听上级、客人的讲话时,应采用"仰视"的目光,即稍稍向上看着对方的脸部,以示谦恭和全神贯注在听讲,并对讲话深感兴趣与留意;当你为客人递接物品时,应采用"直视"的目光,注意用双手来递接物品。

第二,注视部位。场合不同,注视的部位也不同。在酒店服务的岗位上,接待员的目光,应投放在客人两眼和嘴部的"倒三角区",并以散点柔视为宜。服务员注视这个部位,以示"目中有人",真正地做到对客人的重视与尊重。同时,以明亮的双目,辅以真诚的微笑,对客人作无声而亲切的感情交流。服务员注视这个部位,还可以随时发现客人的眼神与面部表情的变化,灵活应对,及时开展更主动、周到的个性服务,创造出文明礼貌的优质服务。在公务场合,对棘手问题进行业务谈判或工作磋商,或者上级对下属讲话,目光应投放在对方两眼为底线、额头上部为顶点所连成的"正三角区域"。注视这一部位,能形成视线居高临下的态势,制造出严肃、认真的气氛,这种方法也经常为企图使谈话处于优势的一方所采用,以便帮助他们掌握谈话的主动权与控制权。

第三,注视时间。在酒店服务中,要想得到客人的信赖与喜欢,服务员与客人的目光接触时间,累计应达到50%~70%,其余30%~50%时间,可注视客人脸部以外5~10厘米处,这样就会显得自然、有礼貌。在社交场合,忌讳"避视"。当无意中与他人的目光相遇,不要马上躲避离开,应自然地对视1~2秒,然后慢慢移开,这样做,就会比较得体。目光很忌讳"扫视",即长时间地对他人全身上下左右,反复打量、乱扫一气,这种目光在社交场合绝对是失礼的。与异性目光对视,切忌"盯视",注视时间不得超过5秒,否则将会引起对方尴尬或可疑的猜测。总之,要根据场合、对象,把握好注视的时间。

②亲切自然。在酒店服务中,亲切,来自于服务员对酒店业的喜欢、对客人的热爱和关心,它是服务员由内而外、自然流露的情感。要亲切自然,要做到嘴角微翘、面带微笑;要眼球放松,平缓移动,不集中注视一点,目光保持散点柔视的状态。

③明亮有神。在酒店接待中,做到双目明亮有神,要求服务员对自己的岗位工作充满自信,对客人充满激情,并自然流露在眼神里。同时,两眼的上下眼帘充分打开,使得双目生辉,炯炯有神,闪烁光芒,给人眼睛一亮、充满亲切信任之好感。要避免双目疲倦无神、呆滞冷漠、黯淡无光的不良感觉。

请看下面的小知识:

可以这样练微笑

好莱坞的女演员这样练习微笑,她们把对着镜子念"CHEESE"的口形当作最佳笑容时的唇形练习,就像中国人说"茄子"、英文字母g或普通话"钱"字,也能达到同样的效果。当我们默念这些词、字时所形成的口型,正好是微笑最佳的口型。必须强调指出,微笑一定要有良好的心境与情绪作为前提。否则,将会陷入勉强、尴尬的境地。

〔**案例分析**〕

我们喜欢您的微笑

在青岛汇泉湾畔,有一家大饭店,尽管时值盛夏,该饭店领导对员工的培训工作丝毫没有放松。餐饮部在每天的班前会上,都会再三强调"客人是上帝"的宗旨,确保"微笑服务"的真正落实。他们实行餐前一分钟的培训制度,保证客人充分享受"满意在饭店"的惬意感觉。

一天,在锦绣餐厅里,走进几位外籍船员,此时已是晚上9点多。餐厅客人不多,服务员经过大半天紧张工作,已颇为疲惫。负责6号餐桌的服务员小阎把客人引领入座后,便递上毛巾和绿茶,然后请客人点菜。

"小姐,来个大盆蟹粉扒鱼酪……"一位古铜色皮肤的年轻客人领先点菜。

小阎听后怔住了,因为晚餐高峰已过,许多菜肴已经售完,蟹粉扒鱼酪也是其中之一。她无奈但带着微笑向客人道歉,并解释了原因。

"那么换个蟹黄养汤丸吧"客人有点不高兴,勉强又点了一个。

岂知这个菜也早已没有了。小阎对他微微一笑,再次致以歉意。但这时这几位船员可沉不住气了。

"餐厅开着却没有菜给客人吃!"另一个年纪更轻的客人高声说。坐在他对面留小胡子的客人竟拍起桌子,嘴里叽里咕噜。小阎听不懂他的话,但完全可以断定他在骂人。

"实在对不起,"小阎耐心地解释,"我们这儿有虾蟹冬笋卷、蟹黄金银羹、鸡茸炒蟹黄等,这3个菜都有蟹的成分。而且,虾蟹冬笋卷,三鲜合一,红绿黄色彩鲜嫩,是菜肴中的上品;蟹黄金银羹则有酸、辣、香、浓特点,味道好极了,很受国际客人欢迎……"小阎边说边微笑,她的笑是那么的甜美,那么真诚,那么沁人心脾,几位船员本来还想发泄不满,但小阎的微笑与介绍威力更大,把他们的怒气一下子打消了!

客人离店时,在留言簿上用英语写道:"We like your smile."(我们喜欢您的微笑)

发自心底的微笑,化解了一次极可能发生的投诉。

简评:

本例中几位外籍船员,一连点了几个菜,都因餐厅售完,不免生起气来,这很容易理解,处理不妥就会引起投诉,坏了饭店名声。小阎亲切甜美的微笑,加上适度地推荐介绍,不但熄灭了客人的怒火,还赢得了客人的赞扬,这就是微笑服务的魅力。

该饭店强调微笑服务,不论是在平时还是在开餐前一分钟,微笑服务始终是培训的重点之一。该饭店的店报介绍,有些服务员本来很不理解微笑服务对于饭店经营的重要意义,有些服务员虽勉强笑了,但因为不是发自内心,所以笑得不甜不美,客人看了不舒服。有些服务员对一般客人笑得自然,但对态度不好的客人就笑得勉强了。所以,饭店一贯强化微笑训练。日复一日,长期坚持,饭店员工逐渐养成了见到客人真心微笑的职业习惯,客人火气越大,越先要笑得自然。微笑化解了客人的不悦,微笑使客人喜欢饭店,微笑又给员工带来快慰和赞誉。

4.4 赞赏技巧

心理学家威廉姆认为:"人性中最深刻的本能就是被欣赏的渴望"。要学会待人处世,那就请记住:真诚地赞赏他人。

赞赏,是每一个人的正常心理需要。爱听表扬的话是人类的天性,人人都喜欢正性刺激,而不喜欢负性刺激。如果在人际交往中人人都乐于赞赏他人,善于夸奖他人的长处,那么,人际间的愉快度将会大大增加。

赞赏的态度可以表现出一个人平日的修养。在职场生活中,透过不同形式的宽容与赞赏,可以激发潜力,创造极大的价值。

赞赏和阿谀奉承不同,前者出自真诚,后者则出自功利;前者是由心底发出,后者则是口头说说而已;前者是无私的,后者完全为自己打算;前者为世人所爱,后者则为世人所憎恶。

4.4.1 赞赏在服务中的作用

调查研究表明,称赞别人会让别人觉得你富有同情心,善于理解别人,甚至很有个人魅力。当别人发现你对他们待以真情的时候,他们很可能会向你敞开心扉。这样,只要稍微地努力,你就能建立起积极的感情交流,这有助于增进人际关系的友好和亲密程度,特别是与客人及同事的关系,这显得尤其重要。

服务中赞美他人会使他愉快,被赞美者(客人、同事)的良性回报,也会使我们自己倍感快乐,从而形成人际关系的良性循环,有利于我们工作的开展。

当然,夸奖他人并不意味可以毫无顾忌,以下两个原则是要注意的:一是真诚。夸奖别人要出于真心,所夸奖的内容是对方确实具有或即将具有的优良品质和特点,不要让别人感到你言不由衷,另有所图。如夸奖身材矮小者长得魁梧,恐怕就要出现"拍马屁拍在蹄子上"的情况。二是夸奖的内容应被对方所在意。称赞中年妇女身材苗条,赞扬老年人身体硬朗,便很容易引起良好反应,而赞美儿童年轻、青年人牙齿坚硬就会很难收到积极的效果。

善于赞赏别人,会使一个领导者具有神奇的力量。你的下属一定会为你分忧,即使一人干了两个人的活儿,也不会有任何怨言。

无论如何伟大或尊贵的人,他们和平常人一样,在受到肯定的情况之下,更能奋发工作,效果也更好。

在服务工作中如客人得到赞赏,他(她)将会配合你的工作,并可能原谅你及同事的部分工作失误,减少投诉的概率。

4.4.2 赞赏技术

好的时候加以称赞,须用明确而富有激励性的语言。

①真有其价值时,灵活掌握表扬方法,让它具有针对性和实用性。

②小的行为也不予忽视。

③不失时间有效称赞。

④即使默默无闻的奉献者也要适时加以称赞。

⑤赞赏必须真心诚意,用明确而富有激励性的语言,没有矫揉造作、言过其实或者空洞无实的话语。

⑥赞赏程度适时、适中。

⑦尽早发现对方引以自豪、喜欢被人称赞的地方,然后对此大加赞赏。在尚未确定对方最引以自豪之处前,最好不要胡乱称赞,以免自讨没趣。试想,一位原本已经为身材消瘦而苦恼的女性,听到别人赞美她苗条、纤细,又怎么会感到由衷高兴呢?

⑧要使赞赏达到最佳效果,就必须灵活掌握表扬方法,让它具有针对性和实用性。

4.5　语言艺术

4.5.1　语言要求

1)语言要求

(1)亲切

语言使用要使客户听起来感到亲切,说话要轻,语调要低,吐字要清楚,语言要规范,音调要亲切柔和,语言交谈要谦逊,有礼貌,要使用礼节性、交往性、选择性、专业性语言,了解方言土语,使客户感到易于交往。

(2)朴实

语言要大众化,力求口语化。

(3)真诚

语言内容要真实,服务态度要诚恳,通过语言反映出真诚服务的良好服务心态。

(4)准确

服务语言要尽量做到用词恰当,语言清晰,词语明了,表达准确,避免使用大概、可能等含糊词语。

(5)简练

服务语言要简明扼要,抓住要点,突出重点,使客户一听就懂,要克服语言重复,语句啰嗦。

（6）文明

要使用健康、文雅、庄重的语言,杜绝粗俗、贬斥挖苦、讽刺的语言。

2）形式上的要求

（1）恰到好处,点到为止

服务不是演讲也不是讲课,服务人员在服务时只要清楚、亲切、准确地表达出自己的意思即可,不宜多说话。主要的是启发顾客多说话,让他们能在这里得到尊重,得到放松,释放自己心理的压力,尽可能地表达自己消费的意愿和对酒店的意见。

（2）有声服务

没有声音的服务,是缺乏热情与没有魅力的。服务过程中不能只有鞠躬、点头,没有问候,只有手势,没有语言的配合。

（3）轻声服务

传统服务是吆喝服务,鸣堂叫菜、唱收唱付。现代服务则讲究轻声服务,服务要"三轻"（即说话轻、走路轻、操作轻）,为客人保留一片宁静的天地。

（4）清楚服务

一些服务人员往往由于腼腆,或者普通话说得不好,在服务过程中不能向客人提供清楚明了的服务,造成客人的不满。特别是报菜名,经常使顾客听得一头雾水,不得不再问。由此妨碍主客之间的沟通,耽误正常的工作。

（5）普通话服务

即使是要采用方言服务,以突出地方风味和风格的,显现酒店、餐厅个性,也不能妨碍正常的交流,也要让服务员学会说普通话,至少也要求领班以上的管理人员会说普通话,以便于用双语服务,达到既能体现个性,又能使交流做到晓畅明白。

（6）三不计较

不计较宾客不美的语言;

不计较宾客急躁的态度;

不计较个别宾客无理的要求。

（7）四勤

嘴勤、眼勤（脑勤）、腿勤、手勤。

（8）四不讲

不讲粗话;

不讲脏话;

不讲讽刺话;

不讲与服务无关的话。

(9) 六种礼貌用语

问候用语、征求用语、致歉用语、致谢用语、尊称用语、道别用语。

(10) 文明礼貌用语十一字

请、您、您好、谢谢、对不起、再见。

(11) 运用基本原则

情感性原则、规范性原则、主动性原则、诚实性原则、礼貌性原则。

3) 程序上的标准要求

①宾客来有迎声；

②客人走时有送声；

③客人帮忙或表扬时，有致谢声；

④客人欠安或者遇见客人的时候，有问候声；

⑤服务不周有道歉声；

⑥服务之前有提醒声；

⑦客人召唤有回声。

在程序上对服务语言作相应的要求，有利于检查和指导服务员的语言规范。

4.5.2　服务中的语言艺术

讲话的声音，就像乐器弹奏的音乐，语调就像音乐的声调，听你的语调，客人及同事就可以知道你的心情，以及你要表达的内容。如果声调不对，客人及同事就不会欣赏你的音乐。

正确的服务语气应该是什么样子？具体描述的话，应该是乐观、温和、舒服、通情达理、清楚、直接、自然的。要达到这样的标准，主要注意语速、音量、音调的运用。

1) 语速

与客户交谈时，语速过快，客户会觉得你不耐烦，不在意。语速过慢，客户会觉得你漫不经心。正确方法是针对不同客户调整语速，并尽量与客户保持一致。

2) 音量

喊叫是愤怒、不满的表现，声音过高或过响会令客人及同事产生误会。音量适度升高，有时可以显示自己谈话的热情。一般情况下，保持音量适中，以对方听清为准。

3) 音调

如果音乐家用同样的音调演奏所有的乐曲，那音乐的表现力肯定会差强人意。所以,讲话时音调有起伏才能吸引客户,同时能表现你关注的态度。比如说"真的对不起,很抱歉!"时,"真的"二字语气就应加重。服务人员在处理各种客户服务问题的时候,与客户进行语言上的交流,更需要善用音调起伏来表达对客户关注的程度,希望关注哪一点,就在哪一点把音调提起来。但是,音调需以平稳为基础,不要歇斯底里,不要随意去加强。

4)称谓语

例:小姐、先生、夫人、太太、女士、大姐、阿姨、同志、师傅、老师、大哥等。这类语言的处理,有下列要求:

①恰如其分;

②清楚亲切;

③把握不准的情况下,对一般男士称先生,女士称小姐;

④灵活变通。

5)问候语

例:先生,您好! 早上好! 中午好! 晚上好! 圣诞好! 国庆好! 中秋好! 新年好! 这类语言的处理,有下列要求:

①注意时空感。问候语不能都是"先生你好!"一句话,应该让客人有一个时空感,不然客人听起来就会感到单调、乏味。例如,中秋节时如果向客人说一声"先生中秋好!"就强化了节日的气氛。

②把握时机。问候语应该把握时机,一般在客人离你1.5米的时候进行问候最为合适。对于距离远的客人,只宜微笑点头示意,不宜打招呼。

③配合点头或鞠躬。对客人只有问候,没有点头或鞠躬的配合,是不太礼貌的。例如,一些餐厅的服务员在客人询问"洗手间在哪里?"的时候,仅仅用一个远端手势表明位置,没有语言上的配合。甚至只是努努嘴来打发客人,这样就显得很不礼貌。如果服务员既用了远端手势,又对客人亲切地说:"先生请一直往前走,右边角上就是!"客人的感觉就会好得多。

④客人进门不能首先说:"请问您几位?""请问您用餐吗?"这时我们只宜表示欢迎,然后说"先生,请随我来!"到了大厅或者电梯里后,才能深入询问。例如。"先生,我怎么称呼您?"当对方说。"我姓刘。""那么刘先生您今天几位呢? ……"这样的话题就可以深入下去了。

6)征询语

征询语确切地说就是征求意见的询问语。例句:"先生,您选择标准间还是套间?"征询语常常也是服务的一个重要程序,如果省略了它,会产生服务上的错乱。征询语运用不当,会使顾客很不愉快。例如,客人已经点了菜,服务员应该先征询客人"先生,现在是否可以上菜了?""先生,你的酒可以开了吗?"再将菜端上来,将酒打开。因为,这时客人或许还在等其他重要客人,或者还有一些重要谈话没有结束,这样做,就显得比较得体。服务员在撤盘的时候,也应该运用征询语。应用征询语时,要注意以下几点:

①注意客人的形体语言。例如当客人东张西望的时候,或从座位上站起来的时候,或招手的时候,都是在用自己的形体语言表示他有想法或者要求了。这时服务员应该立即走过去说:"先生/小姐,请问我能帮您做点什么吗?""先生/小姐,您有什么吩咐吗?"

②用协商的口吻。经常将"这样可不可以?""您还满意吗?"之类的征询语,显得更加谦恭,服务工作也更容易得到客人的支持。

③应该把征询当作服务的一个程序,先征询意见,得到客人同意再操作。

7)拒绝语

拒绝客人,应尽量避免直接拒绝。

例:"好的,谢谢您的好意,不过……""承蒙您的好意,但恐怕这样会违反酒店的规定,希望您理解。"这类语言使用时有下列要求:

①一般应该先肯定后否定;

②客气委婉,不简单拒绝。

8)指示语

指示语要简洁明了,让客人一听就懂。

例:"先生,请一直往前走!""先生,请随我来!""先生,请您稍坐一会,马上就给您上菜。"这类语言使用时有下列要求:

①避免命令式。例如,客人等不及了,走进厨房去催菜,如果采用"先生请你出去,厨房是不能进去的!"这种命令似的语言,就会让客人感到很尴尬,很不高兴,甚至会与服务员吵起来。如果你这样说:"先生您有什么事让我来帮您,您在座位上稍坐,我马上就来好吗?"可能效果就会好得多。

②语气要有磁性。眼光要柔和。指示语不仅要注意说法,还要注意语气要软,眼光要柔。才能给予客人好的感觉,从而消怨息怒。

③配合手势。有些服务人员在碰到客人询问地址时,仅用简单的语言指示,甚至挥挥手、努努嘴,这是很不礼貌的。正确的做法是运用明确和客气的指示语,并辅以远端手势、近端手势或者下端手势,在可能的情况下,还要主动地走在前面给客人带路。

9）答谢语

在得到客人表扬、帮忙或者提意见的时候。都要使用答谢语。答谢语一定要清楚爽快。

如:"谢谢您的好意!""谢谢您的合作!""谢谢您的鼓励!""谢谢您的夸奖!""谢谢您的帮助!""谢谢您的提醒!"

10）提醒道歉语

如:"对不起。打搅一下!""对不起。让您久等了!""请原谅,这是我的错。"

提醒道歉语是服务语言的重要组成部分,使用得好,会使客人随时都感觉受到了尊重,对酒店留下良好的印象。同时,提醒道歉语也是一个必要的服务程序,缺少了这一个程序,往往会使服务出现问题。对这类语言的处理,要求做到以下两点:

①把提醒道歉语当作口头禅和必要的一个程序;

②诚恳主动。

11）推销语

推销语一般选择疑问句。

例:"先生,来点红酒还是白酒?"

4.6　电话接听技巧

我们处在现代社会环境中,随着事业的繁忙,业务量的增多,作为人们相互交流的一个重要媒介,对内对外的电话的使用频率也越来越高了。如何规范使用电话,达到事半功倍的效果,已经是我们日常的工作。

人们往往都有一种习惯,就是通过一个人的声音去描绘对方的外在形象。这种习惯对于客户、服务人员、尤其是在线的电话服务人员来讲是至关重要的。人有几种形象,一是外表长相,二是一个人的字,三是他的声音。作为一名酒店从业人员,在接听电话时,最重要的就是你的第三个形象。服务员应该利用声音把这第三张脸的形象做得非常完美,让别人感觉声音真的很柔美、很亲切。通过声音感到你真的能帮助他。做到这一点很难。实际上很多时候你需要把表情、肢体语言在听筒这边表现出来,然后运用声音通过听筒传过去。

说到电话服务,人们很自然地会想到电话总机的服务,其实,总机服务只是电话接听服务的一小部分,大量的电话接听是靠各岗位员工去完成的。服务员每天在电话中接触人的次数要多于当面接触的几倍甚至十几倍。从这种意义上

说,电话服务的重要程度并不亚于面对面的服务。电话接听服务是酒店对外的窗口,很多顾客通过这个窗口建立起对酒店的第一印象。体现了一线服务人员的职业责任感以及对企业的认同感,这也是外界了解企业文化的一个小小窗口。所以电话的拨打及接听服务事关重大!

4.6.1　电话接听的基本原则

①电话铃声响在三声之内接起,二声到三声之间接听最好;

②左手持听筒、右手拿笔;

③报出酒店或部门名称,例如:"某某酒店(部门),您好,请问您找谁?";

④确定来电者身份——姓名/公司名称/所在区域城市;

⑤听清楚来电目的;

⑥注意声音和表情;

⑦保持正确姿势;

⑧复诵来电要点;

⑨最后道谢,例如:"感谢您的来电,祝您旅游愉快。";

⑩让客户先收线。

4.6.2　电话接听的规范语言

1)问候语句

如:"您好""下午好""上午好""节日快乐""新年快乐""圣诞快乐"等。(例如:"您好! 这里是××酒店,请讲。"或"×部,请讲。")

2)询问语句

询问打电话者时,口气一定要保持谦虚、客气、友好,语气要和蔼。要尽量使用标准规范的语言。如:

"请问先生您贵姓?"

"我可以知道您的姓名和公司名称吗?"

"请问,您需要我为您做点什么吗?"

"请您稍等片刻,我通知经理来接听您的电话好吗?"

"您的吩咐我已经记录下来了,现在复述一遍给您听行吗?"

"很抱歉,经理暂时不在,需要给他留言吗?"

"请问,您可以留下您的电话号码和住址吗?

3)应答语句

回答问题时,在语句和口气上要带有谢意,因为别人能打电话来,是对您公司的信任。还要让人感觉到您在回答问题时的微笑和诚意。在任何时候都不要断然拒绝别人,即使是对难以满足的要求,也只能婉言谢绝。常用的应答语有以下几种:如:

"很高兴能为您服务。"

"谢谢! 请多提宝贵意见。"

"请放心,我一定将您的意见转达给我的上司。"

"好的,我们一定遵照您的吩咐去做。"或"好的,我们马上办。"

"请不要客气,这是我应该做的。"

4)道歉语句

当工作中出现差错或失误时,一定要诚心诚意表示歉意,并尽力挽回公司的形象。如:"实在对不起,是我们不小心碰撞了您的物品,请您多原谅。"

"对不起,让您久等了。"

"很对不起,是我们没有给您解释清楚,产生误会,还请您多原谅。"

当不能满足对方的要求或对方还不能完全理解公司的规定时,应先道歉再解释缘由,请对方予以理解及合作。如:

"对不起,我们暂时还没有开展此项服务,如果您有此项要求,可向值班经理提出,我们尽力为您解决。"

"对不起,总经理暂时不在,您是否需要给他留言呢?"

"对不起,我没听清楚,请您再重复一遍好吗?"

5)感谢语句

常用感谢语句如:

"谢谢您打电话来。"

"谢谢您的宝贵意见,我们一定会认真研究并改进工作的。"

"谢谢您的提醒。"

"谢谢您的关心。"

4.6.3 电话接听的基本程序

1)拿起电话听筒,问好,并告知酒店名称、部门,必要时还可告知自己的姓名(如内部来电)

注意事项:

①电话铃响三声之内接起；二声到三声之间接听最好,这样显得对来电重视、工作效率高；

②使用"您好,××酒店或××部门"用语；

③在电话机旁准备好记录用的纸笔；

④接电话时,不使用"喂!喂!"回答；

⑤音量适度,不要过高；

⑥必要时告知对方自己的姓名。

2) 确认对方

注意事项：

①必须对对方进行确认；

②使用"×先生(主管、经理、总经理),您好"；

③如是客人要表达感谢之意。需说:"感谢您的关照"等礼貌用语。

3) 听取对方来电用意

注意事项：

①必要时应进行记录；

②使用"是""好的""清楚""明白"等用语；

③谈话时不要离题。

4) 进行确认

注意事项：

①确认时间、地点、对象和事由；

②使用"请您再重复一遍","那么明天在×点钟见"等；

③如是留言必须记录下电话时间、留言人及转达内容。

5) 结束语

注意事项：

①如果电话很长或对方啰嗦、不礼貌,这时应该有耐心；

②用语:"清楚了""请放心""我一定转达""谢谢""再见"等。

6) 放回电话

注意事项：

①未放好电话前不要发出异声；

②等对方放下电话后再轻轻放下电话机。

4.6.4　电话接听中的注意事项

接听电话的 11 项基本注意事项：

①使用礼貌语言，要有责任心、要有爱心，这是维护酒店形象及展现个人风采的机会。

②讲话时要简洁、明了。

③注意听取时间、地点、事由和数字等重要词语。

④注意讲话语速不宜过快。

⑤电话中应避免使用对方不能理解的专业术语或简略语。

⑥认真作好记录。

⑦别人打错电话要有礼貌地回答，也要有耐心解释或转接；让对方重新确认电话号码。

⑧等对方放下电话后再轻轻挂电话。

⑨见不见面一个样：目前的电话大多都是只闻其声不见其人，但绝不能够因互不见面而对自己过于放松，而应该照样端正姿势，姿势端正声音自然会清晰，保持微笑，并使用自然语调。

⑩手机的使用：在正规场合或开会时，务必关机或关掉手机铃声。在公共场合接听手机应尽量压低声调。

⑪不得在电话上长时间聊天，注意通话时间，不宜过长；注意打电话"三分钟原则"：每次通话应该有效地控制在三分钟之内（重要的电话除外），重复要点来暗示对方终止通话，要有成本意识。

4.6.5　拨打电话的基本程序

1）准备

注意事项：

①确认拨打电话方的姓名、电话号码；

②准备好要讲的内容、说话的顺序和所需要的资料、文件等；

③明确通话所要达到的目的。

2）问候、告知自己的姓名

注意事项：

①一定要报出自己的单位、部门、姓名,讲话时要有礼貌;

②使用例如:"您好! 这里是××酒店,请问"或"××部,请问"等用语。

3)确认电话对象

注意事项:

①必须要确认电话对方;

②与要找的人接通电话后,应重新问候;

③使用"请问××部(处、科)的×××先生(小姐)在吗?""您好! ××先生(小姐),我是××酒店××部的××。"

4)电话内容

注意事项:

①应先将想要说的结果告诉对方;

②如是比较复杂的事情,请对方作记录;

③对时间、地点、数字等进行准确的传达;

④说完后可总结所说内容的要点;

⑤使用"今天打电话是想向您咨询一下关于××事"的用语。

5)结束语

①使用"谢谢""麻烦您了""就拜托您了"等用语;

②语气诚恳、态度和蔼。

6)放回电话听筒

注意事项:

①未放好电话前不要发出异声;

②等对方放下电话后再轻轻放下电话机。

4.6.6　拨打电话的注意事项

拨打电话的 12 项基本注意事项:

①要考虑打电话的时间(对方此时是否有时间或者方便),要考虑时差的问题。

②注意确认对方的电话号码、单位、姓名,以避免打错电话。

③准备好所需要用到的资料、文件等,运用好专业知识。

④讲话的内容要有次序,简洁、明了。

⑤注意通话时间,不宜过长;注意打电话"三分钟原则",每次通话应该有效

地控制在三分钟之内(重要的电话除外),可重复要点来暗示对方终止通话。

⑥使用礼貌语言,要有责任心、要有爱心,这是维护酒店形象及展现个人风采的机会。

⑦外界的杂音或私语不能传入电话内。

⑧避免私人电话;非紧急情况,上班时间不得因私事使用公司电话,不得在电话上长时间聊天,要有成本意识。

⑨自己打错了电话,要主动道歉,别人打错了,也要有耐心解释或转接。

⑩应该是打电话的一方或长辈、上级、女士先挂电话,如果在通话过程中发生断线中断等情况,也应由打电话方重新拨打。

⑪见不见面一个样:不能够因互不见面而对自己过于放松,而应该照样端正姿势,姿势端正声音自然会清晰,保持微笑,并使用自然语调。

⑫手机的使用:在正规场合或开会时,务必关机或关掉手机铃声。在公共场合打手机应尽量压低声调。

好的酒店服务技巧是赢得客人并留住客人的法宝。有条件的学校,教务部门、教师可组织学生参观当地有代表性的酒店,特别是一线经营部门的服务过程,组织学生听有关酒店服务技巧的讲座,让学生相互进行角色扮演,并组织学生将参观酒店、听讲座后的印象和感受通过课堂发言、讨论等形式加以总结,使学生在初学酒店服务与管理阶段,就能对酒店服务细节、技能有直观的印象和亲身的体会,学以致用,进而引起他们对酒店服务与管理知识的兴趣及重视。

〔案例讨论〕

离店之际

某酒店总台。一位服务员小周正在给915房间的客人办理离店手续。

闲聊中,那位客人旁顾左右,将下手指上的一枚戒指,偷偷塞到小姐手里低声道:"我下星期还要来长住一个时期,请多多关照。"

服务员小周略一愣,旋即,镇定自若地捏着戒指翻来覆去地玩赏一会儿,然后笑着对客人说道:"先生,这枚戒指式样很新颖,好漂亮啊,谢谢你让我见识了这么个好东西,不过您可要藏好,丢了很难找到。"

随着轻轻的说话声,戒指自然而然地回到了客人手中。

客人显得略有尴尬。

服务员小周顺势转了话题:"欢迎您光顾我店,先生如有什么需要我帮忙,请尽管吩咐,您下次来我店,就是我店的常客,理应享受优惠,不必客气。"

客人正好下了台阶,忙不迭说:"谢谢啦,谢谢啦。"

客人转身上电梯回房。

这时,电话铃响,服务员拎话筒。

旁白:915房的预订客人即将到达,而915房的客人还未走,其他同类房也已客满,如何通知在房的客人迅速离店,而又不使客人觉得我们在催促他,从而感到不快呢。

服务员一皱眉,继而一努嘴,拨打电话。

"陈先生吗,我是总台的服务员,您能否告诉我打算什么时候离店,以便及时给您安排好行李员和出租车。"

镜头一转,915房间,陈先生:"哈哈,我懂你的意思啦,安排一辆的士吧。"

旁白:服务需要委婉的语言,而委婉的语言是一门艺术,需要刻意追求与琢磨才能到位。

宾馆酒店的软件提高,需要做方方面面的工作,而最基本的,最直接的就是服务工作中的语言,有道是:一句话惹人哭,一句话逗人笑。处理得当,锦上添花,处理不当,前功尽弃。

讨论:

1.服务员小周的语言艺术体现在哪里?

2.在服务中怎样修炼自己的语言艺术?

本章小结

本章讲解了酒店服务中常用的聆听技巧、沟通技巧、微笑技巧、赞赏技巧、语言艺术、电话接听技巧,本章提出要了解这些技巧在酒店服务中的作用,并掌握利用这些技巧来提高服务质量。

复习思考题

1.聆听的过程中,我们需要注意哪些聆听的原则?

2.沟通的基本原则有哪些? 沟通的注意事项有哪些?

3.微笑在服务中有何作用?

4.何谓"四不要""三不计较""四勤""四不讲""三分钟原则"?

5.拨打电话的基本程序是什么?

疑难问题处理

【本章导读】

"智者千虑,必有一失",无论酒店的服务、设备设施、管理等方面花费了多少精力,也难免会出现宾客投诉等疑难问题。在对客服务中,员工能否正确、有效地处理这些问题,将直接影响到企业的经济效益和社会效益。本章主要介绍客人投诉及酒店常见疑难问题的处理技巧。

【关键词】

投诉处理的技巧　安全问题　对客服务疑难问题

【案例导入】

案例一

一个深秋的晚上,三位客人在南方某城市一家饭店的中餐厅用餐。他们在此已坐了两个多小时,仍没有去意。服务员心里很着急,到他们身边站了好几次,想催他们赶快结账,但一直没有说出口。最后,她终于忍不住对客人说:"先生,能不能赶快结账,如想继续聊天请到酒吧或咖啡厅。"

"什么! 你想赶我们走,我们现在还不想结账呢。"一位客人听了她的话非常生气,表示不愿离开。另一位客人看了看表,连忙劝同伴马上结账。那位生气的客人没好气地让服务员把账单拿过来。看过账单,他指出有一道菜没点过,但却算进了账单,请服务员去更正。这位服务员忙回答客人,账单肯定没错,菜已经上过了。几位客人却辩解说,没有要这道菜。服务员又仔细回忆了一下,觉得可能是自己错了,忙到收银员那里去改账。

当她把改过的账单交给客人时,客人对她讲:"餐费我可以付,但你服务的态度却让我们不能接受。请你马上把餐厅经理叫过来。"这位服务员听了客人的话感到非常委屈。其实,她在客人点菜和进餐的服务过程中并没有什么过错,只是想催客人早一些结账。

"先生,我在服务中有什么过错的话,我向你们道歉了,还是不要找我们经理了。"服务员用恳求的口气说道。

"不行,我们就是要找你们经理",客人并不妥协,坚持要求见经理……

案例二

一位住某五星级酒店的客人,一直有早起散步的习惯。当日,他起来散步,出门时服务员问了一声:"先生,您好";散步回来进门时,服务员又问了一声:"先生,您好";上电梯时,一位服务员问了第三声:"先生,您好"。这位客人面对问候了三声"先生,您好"的礼遇,没有丝毫高兴,反而把他们投诉到酒店总经理那里……

案例三

一位客人在一家三星级酒店预订了2间房,结果等他到达酒店时发现,酒店已经把它安排给了先到的另一位同姓名的客人了。由于房间已售完,酒店只好安排他到另一家酒店,并帮客人付了租车费。但客人仍不满意,要求一定要给个说法……

简评:

以上的3个案例都涉及客人的投诉。这些投诉大多是因为服务中没有满足客人的需要而产生的。如果服务员在对客服务中有着良好的服务意识和高超的服务技巧,这些投诉是可以避免的。

在酒店的接待服务中,服务员面对客人投诉这些疑难问题时,应该持什么样的态度、采用怎样的方法、遵循什么样的原则来处理,真正做到让客人"高兴而来,满意而归",对提高服务质量,树立酒店良好声誉,同样十分重要。本章就主要介绍处理客人投诉、处理疑难问题的基本原则和方法。

5.1　投诉处理技巧

服务是酒店的主要产品,酒店通过销售服务来获得利益。宾客与酒店的关系是买和卖的关系,也是服务与被服务的关系。宾客以商定的价格来购买特定的服务产品,从而满足自身物质和精神上的需要。当宾客认为所付出的费用与得到的服务质量不成正比时,即认为所购买的服务物非所值时,就会投诉。投诉是消费者因需要没有得到满足,而对服务人员进行批评抱怨,要求服务都进行精神和物质损失赔偿的一种情绪状态和行为。面对宾客的投诉,酒店的员工应该按照一定的原则和方法进行处理,圆满解决发生的问题。

5.1.1 投诉处理的原则

在酒店服务中处理各种投诉问题,必须坚持"宾客第一"的原则,树立"想客人之所想,急客人之所急"的服务观念,正确掌握处理问题的技巧和原则。

1）处理投诉时应树立主人翁和宾客至上的思想

服务员要正确认识自己在服务工作中的地位,树立主人翁的思想。服务员无论是酒店的一线服务员还是二线服务员;无论是在大厅服务还是在包房做服务工作,都代表酒店向宾客提供服务,从这个意义上讲,每个服务员都是酒店的主人。宾客对于酒店管理中的各种意见,通常情况是向服务员提出,而很少直接去找管理者,因此服务员就应当以主人翁的姿态认真听取宾客的意见,尽力满足宾客提出的合理要求,而不能不理不睬或敷衍推诿。在酒店服务中,客人反映菜肴口味咸淡、上菜速度快慢等问题,这是常见的事,服务员遇到此类问题时,必须表示虚心接受意见,并耐心做好解释工作,及时向厨师转达宾客意见,尽力满足宾客的要求。

树立主人翁的观念,还表现在坚持把宾客置于首要位置,处处为宾客着想,千方百计为宾客做好服务工作。很多优秀的服务员之所以业绩突出,就在于他们经常设想"假如我是一名客人",设身处地地从宾客的角度思考问题,从而妥善地处理好服务者与被服务者之间的关系和矛盾。

2）处理投诉要注意兼顾客人和酒店双方的利益

酒店员工在处理投诉时,身兼两种角色:首先,他是酒店的代表,代表酒店受理投诉。因此,他不可能不考虑酒店的利益。但是,只要他受理了宾客的投诉,他也就同时成为了客人的代表,在代表酒店的同时也代表客人去调查处理,他必须给客人以合理的解释,为客人追讨损失赔偿。客人直接向酒店投诉,这种行为反映了客人相信酒店能公正妥善解决当前问题。为回报客人的信任,以实际行动鼓励这种"要投诉就在酒店投诉"的行为,酒店员工必须以不偏不倚的态度,公正地处理投诉。

3）处理投诉时应注重语言艺术

服务用语是酒店员工为宾客服务的工具。在对客服务中,服务员在向客人提供主动、热情、耐心、周到的服务的同时,还应注意服务用语的艺术性。

一要注意言辞的礼貌性,做到彬彬有礼、热情庄重。要经常使用"对不起"等尊敬用语,创造服务员与宾客之间的和谐关系,以避免矛盾的进一步恶化。

二要注意措辞的修饰性。如果对宾客提出的不尽合理的要求一时难以满足,可以说:"您提出的要求是可以理解的,我一定尽力而为。"宾客一般都会接受"可以理解"这一表达方式。

三要注意语言的生动性。在可能发生矛盾的时候,一句幽默生动的语言可以迅速化解服务员与宾客之间的对立情绪。

四要注意语言表达的灵活性。要针对不同的宾客和不同的场合,灵活运用不同的表达用语,从而避免矛盾的产生,或使矛盾得到缓解。

5.1.2 投诉的类型

一般来说,前台、客房部和餐饮部接待的客人人数比例较大,酒店受理客人投诉的主要场所在酒店的前台和餐厅,投诉客人多为住客、食客。投诉场所多在前台、餐厅是合乎常理的。前台和餐厅是酒店直接对客人服务的营业场所,食客对食品质量的投诉往往是通过餐厅而非厨房,住客对客房设施的投诉往往通过前台而非工程部。因此,前台、客房和餐厅的工作人员,尤其需要了解投诉客人的心理活动,以便运用投诉处理技巧,妥善处理。

客人投诉往往是因为酒店工作上的过失、酒店与宾客双方的误解、不可抗拒力或某些客人的别有用心等因素而造成的。

就客人投诉内容不同,投诉可分为以下类型:

1)对酒店工作人员服务态度的投诉

虽然不同消费经验、不同个性、不同心境的宾客对服务态度的敏感度不同,但对服务员服务态度优劣评价标准,不会有太大差异。尊重需要欲望强烈的客人,往往以服务态度欠佳作为投诉内容,具体表现为:

①服务员待客不主动,给客人以被冷落、怠慢的感受。

②服务员待客不热情,表情生硬、呆滞甚至冷淡,言语不亲切。

③服务员缺乏修养,动作、语言粗俗无礼,挖苦、嘲笑、辱骂客人。

④服务员在大庭广众态度咄咄逼人,使客人感到难堪。

⑤服务员无根据怀疑客人行为不轨。

2)对酒店服务效率低下不满

如果说以上投诉是针对具体服务员的,那么,以下内容的投诉则往往是针对具体的事件而言的。如酒店上菜速度、结账速度太慢;前台入住登记手续繁琐,客人等候时间太长;邮件迟迟未送达,耽误客人大事,等等。在这些方面进行投

诉的客人有的是急性子,有的是要事在身,有的确实因酒店服务效率低而蒙受经济损失,也有的因心境不佳而借题发挥。

3)对酒店设施设备的投诉

因酒店设施设备使用不正常、不配套、服务项目不完善而让客人感觉不便,也是客人投诉的主要内容。如客房空调控制、排水系统失灵,会议室未能配备所需的设备等。

4)对服务方法欠妥的投诉

因服务方法欠妥,而对客人造成伤害,或使客人蒙受损失,使客人不满进行投诉。如夜间大堂地面打蜡时,不设护栏和标示,以致客人摔倒;客人延长住宿,当总台催交房费时,客人误解为服务员暗示他在故意逃账;因与客人意外碰撞而烫伤客人等,客人一般都会对酒店进行投诉。

〔案例分析〕

模糊的传真件

王先生拿着一份密密麻麻才整理好的数据单,匆匆来到酒店商务中心,还有一刻钟总公司就要拿这些数据与另一家公司谈生意了。"请马上将这份文件传去北京,号码是……"王先生一到商务中心,直接将数据单递给商务文员要求传真。商务中心文员小陈一见王先生着急的样子,拿起传真件便往传真机上一放,通过熟练的操作程序,很快将数据单传了过去,当传真机打出的报告单为"OK"时,王先生大舒了一口气说:"一切搞定"!

第二天,商务中心刚开始营业,王先生便气冲冲赶到,开口便骂:"你们酒店是什么传真机,昨天传出的这份文件一片模糊,一个字也看不清,导致我们几十万的生意泡汤,你们要赔偿我的损失……"商务文员接过王先生手中的原件,只见传真件上写满了蚂蚁大小的数据,但能看清,而酒店的传真机一直是好的,昨天一连发出20多份传真件都没有问题,为什么王先生的传真件会是这样的结果呢?

简评:

在本案例中,由于服务员工作的疏忽,使客人蒙受经济损失,遭到客人的投诉。在对客服务中,对于一些字体小,行间间隔太近的文件要求传真时,服务员一定要注意提醒客人,再清晰的传真机也传不清楚此类文件。所以商务中心服务员对每份要传真的文件要大体看一下,如有此类情况应当首先提醒客人,可以先放大复印,然后再传真的办法来避免传真件模糊不清。同时,要将传真调至超清晰的位置,尽量放慢传真的速度,以提高其清晰度。如果服务员注重了细节,

按正确的服务程序和方法为客人提供服务,事先查看了传真件,相信一个不必要的投诉就在你一瞥中避免了。

5)对酒店违约行为的投诉

当客人发现,酒店曾经做出的承诺未能兑现,或"货不对板"时,会产生被欺骗、被愚弄、被不公平对待的愤怒心情。如酒店未实现给予优惠的承诺,酒店接受的委托代办服务未能按要求完成、或过时不回复等,也会引起客人的投诉。

6)对商品质量的投诉

酒店出售的商品主要表现为客房和食品。客房有异味,寝具、食具、食品不洁,食品未熟、变质,怀疑酒水假冒伪劣等,均可能引起投诉。

7)其他方面的投诉

服务员行为不检、违反有关规定(如向客人索要小费),损坏、遗失客人物品;服务员不熟悉业务,一问三不知;客人对价格有争议;对周围环境、治安保卫工作不满意;对管理人员的投诉处理有异议等,也会使客人产生投诉行为。

5.1.3　投诉处理的程序

处理宾客的投诉,员工应根据一定的程序,认真、及时、正确、灵活地处理。处理投诉的一般程序如下:

1)倾听宾客诉说

接待宾客的投诉,要尽量避开在公共场所,首先应礼貌地引领宾客到合适场所,请宾客坐下,递上热茶,准备好笔和笔记本后,诚恳地请宾客说明情况。听取宾客投诉时,要认真、耐心、专注地倾听客人陈述,不打断或反驳客人。用恰当的表情表示自己对客人遭遇的同情,不时地点头示意,必要时做记录,并适时地表达自己的态度,如:

"哦,是吗!"

"我理解您的心情……"

"您别急,慢慢说……"

如果接待的是容易激动的宾客,受理者一定要保持冷静,说话时语调要柔和,表现出和蔼、亲切、诚恳的态度,要让宾客慢慢静下来,这类宾客平静下来需要2分钟左右的时间,接待人员一定要有耐心。

2)感谢并安慰宾客

当宾客诉说完毕,首先要向宾客致谢,感谢他(她)的意见、批评和指教,然

后加以宽慰,并代表酒店表达认真对待此事的态度。如:

"非常抱歉听到此事,我们理解您现在的心情。"

"我一定认真处理这件事情,我们会在 20 分钟以后给您一个处理意见,您看好吗?"

"谢谢您,给我们提出的批评、指导意见。"

"您及时让我们知道服务中的问题,这太好了,非常感谢您。"

有时候,宾客的投诉不一定切实,但当宾客在讲述时,酒店员工不能用"不会吧""绝不可能""没有的事""你不了解我们的规定"等语言反驳。

3) 及时了解事情真相

首先判断宾客投诉的情况应由哪级管理者或哪个部门负责,将记录的原始资料提交给相应的管理者。负责处理投诉的人员,应立即着手了解事情的经过并加以核实,然后根据酒店的有关规定拟订处理办法和意见。

4) 协商处理

将酒店拟订的处理办法和意见告知宾客。如宾客接受则按其办法处理,如宾客不同意处理意见,还需要和宾客协商,以便达成一致意见。对无权做主的事,要立即报告上级主管,听取上司的意见,尽量与宾客达成协议。当宾客同意所采取的改进措施时,要立即行动,耽误时间只能引起宾客进一步的不满,扩大负面影响。

5) 事后分析总结投诉原因

处理完宾客投诉的问题,应把事件经过及处理意见,整理成文字材料,分类整理存档备查。同时将问题进行分析总结,需由酒店方面调整的,则应立即修正,需要告知全体员工注意的,应在各部门班前会强调,以便杜绝类似事件发生。

为方便酒店员工正确对待、处理客人的投诉,以便达到快速而满意的结果,有人将投诉处理的整个过程概括为 5 个字,即"听、记、析、报、答"。

听。对待任何一个客人的投诉,不管鸡毛蒜皮的小事件,还是棘手的复杂事件,受诉者都要保持镇定、冷静、认真倾听客人的意见,准确领会客人意思,要对对方有高度的礼貌、尊重。这是客人发泄气愤的过程,我们不应也不能反驳客人意见,这样客人才能慢慢平静下来,为我们的解释提供前提条件。

记。在听的过程中,要认真作好记录。尤其是客人投诉的要点,讲到的一些细节,要记录清楚,并适时复述,以缓和客人情绪。这不仅是快速处理投诉的依据,也为以后服务工作的改进提供根据。

析。根据客人的投诉,及时弄清事情来龙去脉,然后作出准确判断,拟订解决方案,并与有关部门取得联系,一起处理。

报。对发生的事情,做出的决定或是难以处理的问题,要及时上报主管领导,征求意见。不要遗漏、隐瞒材料,尤其是涉及个人自身利益的,更不应该有情不报。

答。征求了领导的意见之后,要把答案及时反馈给客人,暂时无法解决的,应向客人致歉,并说明原委,请求客人谅解,绝不能无把握、无根据地向客人做不必要的保证。

5.2 疑难问题处理

酒店的常见问题,主要有安全问题和对客服务疑难问题两大类。作为酒店的管理者要恰当地处理问题,要在工作中逐渐培养自己,真正具备敏锐的洞察、判断能力,及时地排解问题。

5.2.1 安全问题及安全管理

安全问题主要指防火、防盗、防抢,以及停水、停电等意外事故的处理。安全管理是指在意外事故还未发生前,酒店运用一些制度与管理方法预防意外事故的发生,以确保顾客、员工的人身安全和酒店的财产安全。

1)防火

(1)防火的重要性

在酒店经营中,火灾是一个不可忽视的问题。火灾所带来的后果是严重的,不仅会使酒店蒙受财产损失,使酒店经营多年的心血付诸东流;也会危害员工及顾客的生命,给家庭带来无限的伤痛。因此,防患于未然是非常重要的。只要管理者和员工都自觉地遵守安全操作规程,提高安全防火意识,火灾是可以预防和避免的。

酒店经营者应高度重视防火措施,避免火灾的发生,都应该按照酒店的布局和规模制订出一套方案,让每一位员工都知道火灾发生时该采取怎样的措施。当酒店内发生火灾或发出火灾警报时,酒店内所有员工应按照平时规定的程序作出相应的反应,切忌惊惶失措、方寸全无。

(2)发生火灾的处理

酒店一旦发生火灾,要尽快把酒店内的人员、重要财产、文件资料撤离到安全的地方,这是一项很重要的工作,组织不当会造成更大的人员伤亡和财产损失。酒店在火灾时的疏散工作,需要在平时根据预先制订的处理方案,经常性地组织培训,形成潜在意识,这样,一旦发生火灾,就会做到临阵不乱。

得知酒店内发生灾情时,保安管理人员应马上携带必需物品赶赴现场指挥。首先要做的就是清理酒店周围的场地,方便消防车的进入。另外,要严禁闲杂人员进入,尤其要防范那些趁火打劫者。在火灾发生时,保安人员要保护好酒店内的现金及其他贵重物品;要保护好公共场所的贵重物品;护送会计及出纳员,将现金转移到安全的地方。

2)防盗

(1)防盗的重要性

酒店是拥有大量财产及物品的地方,这些财产及物品为酒店的正常运行,为宾客提供服务打下了良好的物质基础。这些财产失盗失窃,都意味着酒店的损失。同时,酒店在营业过程中每天都会保留相当的现金及各类物品,也都需要严加控制,防止不法分子偷窃。对此,酒店应制订周密的方案和措施,保证酒店财产及物资免遭损失。

(2)防盗措施及办法

①日常安全管理。每位员工每天都应该严格按照安全操作规程,做好安全防范工作。尤其是交班、下班前,要检查、清点好容易失盗的贵重物品,确保财产的安全保存和使用。每天最先到岗的第一班员工,应着重查看店面、门窗是否正常。如发现被盗应立刻报警,同时要查看丢失物品,保护好现场。

②防止内部人员偷窃。酒店员工在日常工作及服务过程中,每天都直接接触到大量的财物。为防止个别意志不坚定的员工借工作之便偷盗酒店财物,酒店一定要制订严密的安全操作规程。酒店首先要严格把好录用员工关,尤其要把好职业道德素质关。其次,对员工要进行经常性的教育,提高员工的责任意识。再次,要通过各种措施,严堵管理漏洞,不给偷盗留下任何机会。最后,一旦发生偷窃行为,应根据情节轻重,及时进行严肃处理,教育员工,不留任何隐患。

③防止外部人员偷窃。经营时大量现金的流动和大量财物的积陈,酒店很容易成为不法分子进行偷窃的目标。大量旅客的流动,同时也很容易为不法分子提供盗窃的机会。为防止偷窃行为的发生,应制订一套内紧外松的防范措施,尤其要注意以下几点:

a.确保灯光照明充足,因为充足的灯光可以减少盗窃行为的发生。

b.经常检查门窗,及时发现有无玻璃破损及螺丝脱落的情况。做到及时发现、及时修理,确保门窗完好无损。

c.强化钥匙管理,严格控制钥匙数量,严禁不相关人员接触钥匙。

d.建立钥匙使用登记制度,严格钥匙的使用规程。

e.一旦发现门锁无法控制,应立即换锁,或者更换门锁密码。

f.加强储藏间、大型铁质垃圾桶等的检查,不让不法分子有可乘之机。

g.加强酒店入口、楼层走道及其他公众场所的安全防范,严格控制可疑人员的出入。

h.酒店在公共场所堆放物品时,要采取安全防范措施。

i.对外来办事人员、送货人员、修理人员及其携带物品,要严格登记管理,严防不法分子混进酒店作案。

j.酒店的设备、用具、物品需要送出维修的,必须手续完备,方可放行。

3)防抢

一般情况下,只要防范方法得当,让歹徒无机可乘,抢劫事件一般不会发生。

(1)注意抢劫迹象

在日常营业时,酒店里的每一位员工都应提高警惕,严防抢劫事件的发生:

①酒店外有人闲逛或逗留时,应仔细观察,若有可疑之处,记下身材特征,劝其尽快离开。若对方不听劝告,可视具体情况采取相应的措施。

②在营业高峰期,若发现有可疑陌生人反复进出,应上前问候,并通知相关人员留心观察。

③收银员应尽量避免钱财外露,避免在顾客面前数钞票。如有人在你收点钱票时突然出现,可与他寒暄,使他(她)知道你在注意他(她)。

④停放在酒店门口或停车场上的汽车里有人等候时,应该登记其车号、车型、颜色及停留时间,并上前问候,确认是否在等店内客人。

⑤单独的客人久久不肯离店。应上前问候,如真的是抢劫分子,你或许能打消其犯案的念头。

⑥下班后遇到可疑人员敲门,最好的办法就是不让他进来。

(2)遇到抢劫时的注意事项

抢劫事件大多发生在下班后或夜深人静时。面对抢劫,当事人应沉着冷静,想方设法,控制事态,减少酒店人身和财产的损失。同时必须注意以下几点:

①勿与歹徒争执。对歹徒提出的问题,只需做简短的回答,最好的办法是找借口推辞。

②保持冷静,不要乱跑,以免歹徒受到惊吓,应尽可能地远离歹徒。

③如果歹徒绑架了人质,不要惊慌,尽量满足歹徒的要求。并想办法把信息传递出去。

④要机警,仔细观察,并记下歹徒的特征,如容貌、口音、身高、身材、服装特征及所持器械等。若歹徒逃离,注意其逃离方向及其使用的交通工具,并记下车牌号码及车型、颜色,尽快报警,及时向经理或负责人通报具体情况。

(3)抢劫事件的处理原则

①立即向警方或管理者报告抢劫案发生的地点及时间,报告抢劫发生的过程和歹徒的有关线索。

②让有关人员清查损失的财物情况。

③采取措施,尽量确保案发现场的完整,直到警方人员抵达。

④稳定员工情绪,不扩大事件影响。

4)意外事故

酒店的意外事件中,滑倒、摔倒和烫伤是比较多见的事故,在这些事故中,又以儿童的比例为最高。酒店内桌椅、玻璃很多,加上人来人往,儿童很容易发生意外事故。因此,儿童的安全应引起酒店的高度重视。如果发现儿童乱跑、乱跳,应立刻规劝,并立即转告其父母,要看管好自己的孩子。

酒店应在容易出事的地方设置明显警示标志,以减少顾客发生伤害的可能,如在明显地方设置"小心烫伤""小心地滑""请您及小朋友下楼时小心"的标牌作为警示,等等。容易发生危险的建材及设计方案,在装修时就应注意避免,例如,楼梯就应加设防滑条,以防下楼滑倒,桌子四角就应做成圆弧形,以防不慎碰伤,等等。

酒店内发生意外事故的种类还有很多,如扭伤、割伤、触电、机械伤害、食物中毒、煤气中毒等。

(1)滑倒及摔倒

不慎踩到地上的汤汁或食物、碰到地上的障碍物及有缺陷的桌椅等,都有可能使人滑倒、摔倒。其实,此类事故只要注意以下几点是可以预防的:

①液体溢出,迅速擦干净。

②掉了东西,马上捡起来。

③保持地板清洁和干燥。

④在瓷砖地面上应小心行走。

⑤要走动,不要跑动。

⑥通道有障碍物,要及时撤走。

⑦设备滴漏要立即报告并维修。

(2)扭伤

走路不慎,搬重物时不懂搬运技巧,都有可能造成扭伤。只要你走路时多加注意,正确掌握货物搬运技巧,扭伤是可以避免的。

（3）烫伤

烫伤多发生在餐厅,上有热汤、热油的食物要特别小心,时时提醒顾客注意。发生烫伤后应用冷疗,以防创伤面的继续加深,同时可减轻疼痛、水肿。方法是将烫伤部位浸入冷水中,最好不少于半个小时。如果烫伤面积很大,则应及时送到医院就诊。

（4）割伤

正确使用刀叉、尖锐的器皿或厨房用具可以防止割伤。以下是安全使用刀具的方法:

①用刀时思想要集中。

②刀口不要对着身体。

③刀具必须与砧板配合使用。

④刀具使用后应妥善放好,不要留放在水槽里。

⑤不同的食品要使用不同的刀具,如切骨头要用切骨刀、切肉要用切肉刀,修水果要用水果刀。

⑥刀是切食品等的工具,不能用来开启瓶盖或当作榔头使用。

大多数的割伤常伴有创口出血,创口原则上都应及时进行消毒、包扎。如果创口不大,可使用"创可贴"止血;一般的割伤,要用绷带包扎后就可止血;如果找不到绷带或急救包,可用当时认为最清洁的布带来包扎;如有大面积出血时,应用止血带止血,并及时送到医院治疗。

（5）触电

接触破损的插座、插头、电线或不正确使用电器设备等,都可能导致触电。防止触电,要掌握正确使用各种电器设备的方法,定期检查插座、插头、电线、电路开关等,发现破损,立即请人修理,预防触电事故的发生。

〔案例讨论〕

客人在浴室摔倒

12月14日凌晨,来度蜜月的游客朱先生夫妇入住酒店,正当他准备洗去一身疲乏第二天返乡时,却不幸摔倒在浴室里。意外发生后,酒店的工作人员立刻将朱先生送到医院,为其垫付了1 000元医药费,并安排了一名保安与朱先生的妻子轮流照顾。在医院,朱先生被确诊为腰背部左边脊椎第三节骨骨折。为了治疗,小两口不得不耽误返乡行程。

但随之而来的赔偿调节,却一度陷入僵局。朱先生认为因为酒店缺乏必要的防滑措施,自己的摔伤酒店应该负主要责任。朱先生说:"如果地上有一张防

滑垫,或者浴缸上有个扶手,我也不会躺在医院里。"因此,他们向酒店提出了9 200元的赔偿要求,包括可能发生的医药费、误工费、营养费等费用。酒店在咨询了律师和参考了酒店行业相关规定后认为,朱先生是成年人,摔伤的过错主要在于自身,应当承担主要损伤后果。酒店只有管理责任,仅同意支付30%的赔偿款。双方僵持了一天后,15日中午,朱先生的妻子向工商局投诉,经调节双方终于达成一致意见。

讨论:

1.你认为,导致本次事故的主要责任是哪一方?

2.酒店在今后怎样预防这样的事故?

本章小结

本章主要介绍了处理客人投诉的原则、酒店常见投诉的类型、处理投诉的一般程序和对客服务中疑难问题的处理原则和处理程序等。通过本章的学习,要求能够掌握投诉与其他疑难问题的处理技艺,并在今后的工作中灵活应用。

复习思考题

1.处理宾客投诉的原则有哪些?

2.投诉的类型有哪些?

3.处理投诉的一般程序是什么?

4.如果酒店发生火灾,你该怎么办?

5.对客服务疑难问题的处理原则是什么?

附 录

附录 1　对客服务疑难问题处理技巧

1.前厅部常见疑难问题

(1)当客人没有预订而前来入住,但房间已满,怎么办?

答:首先向客人表示歉意,"先生(小姐),真对不起,房间刚刚安排满了,我马上为您联系附近其他酒店好吗?"征得客人同意后,为其联系,然后告诉客人"一旦有退房,我们会与您联系的,欢迎您下次光临。"

(2)客人进房间后,打电话来说他(她)不喜欢这间房,要求转房,怎么办?

答:要了解客人转房的原因,"先生(小姐),不知您喜欢转到什么样的房间?"视情况为其调整到合适的房间,若是房间设备方面的问题,马上通知有关人员进行维修;若是服务的问题,应尽快报告当值主管并登门道歉,若一时无法解决,应表示歉意,并做好解释,"真抱歉,现暂时没有房间,一有房间,即刻通知您好吗?"使客人感到他的要求受到重视。

(3)发现客人护照签证即将到期,怎么办?

答:①再次与客人确认其准确的离店日期。

②礼貌诚挚地提醒客人其签证到期的日期,请客人记得办理相关手续。

③向客人提供办理签证的部门地址和到达方法,必要时安排车辆送客人前往办理。

④作好交班记录,随时跟踪客人续办签证的情况,将情况及时向二级汇报。

（4）客人要求做问讯保密时，怎么办？

答：①问清客人保密的要求，例如，是拒接电话，还是拒客来访。

②在交班本或电脑中作好记录，记下客人的姓名、房号和保密程度。

当有拒访者要求查询保密客人的情况时，一般以客人没有入住或暂时没有入住为由予以拒绝。

③通知总机做好客人的保密工作。

④当客人要求取消保密或更改保密程度时，立即通知相关部门，并在工作日记或电脑中作好记录。

（5）客人退房后要求将物品转交其朋友，并声称明天来取，怎么办？

答：首先要了解物品的种类，如属贵重物品、易燃、易爆、易腐蚀及淫秽物品，应礼貌地拒绝接受。除上述物品外，可请客人到行李保管处办理存放领取手续，并书面写委托书，注明物品名称、数量、取物人姓名、联系地址等，在记录单上签名后，请客人将物品打开查验，核对行李牌及委托书与物品的一致性。其朋友来取物品时，应出示有效证件，写下收条并在行李领取簿上签名，有必要则复印证件，以备后查之需。

（6）慕名前来的客人到达时，酒店没有房间，怎么办？

答：安慰客人，歉意地请客人稍候，迅速查找能否在没有到达的订房中进行调整，若仍无法安排，应帮助客人联系附近同类酒店，引导客人前去，并礼貌话别，"一旦有空房，我们会接您回来的，再见！"

（7）发现客人付款中有假钞时，怎么办？

答：①收银员发现假钞（包括假人民币和假外币）时，对客人的态度保持礼貌，处理问题时讲究语言艺术。

②请客人稍等片刻，立即报告总台管理人员或大堂经理。

③将客人请进办公室，查明假钞来历。

④如果客人使用假钞数量不大（只有一两张），并且有合理的解释证明其事先未知，酒店可没收客人的假钞并出具没收证明（要取得银行授权），请客人用真钞结清账户后，在该客人的酒店住宿档案中进行记录以备查验。

⑤如果客人使用的假钞面额较大，数量很多，甚至出现连号的情况，则立即请公安部门协助调查，并请客人协助解决。

（8）客人兑换外币时不出示有效证件，怎么办？

答：①婉拒客人。

②向客人申明酒店仅是银行外币兑换业务的一个代兑点，为客人兑换外币是应按照银行的规定执行，即要求客人出示有效证件，由酒店复印后交银行备案

留存。

③请客人理解并配合工作,必要时可向客人提供中国银行的电话,由客人向银行咨询。

(9)当发现有客人困在电梯里时,怎么办?

答:①尽快通知工程人员前来维修。

②安排人员在电梯外与客人说话,直到客人被救出为止。

③由大堂副理代表酒店以适当的方式向客人表示歉意。

(10)当客人上网时,抱怨网速太慢,怎么办?

答:①向客人道歉。

②在征得客人同意后,将计算机重新启动,使计算机恢复足够的内存,提高运行速度。

③如速度仍得不到提高,则委婉地向客人解释该时段为上网高峰期,服务器繁忙,因此影响速度,请客人谅解。

④询问客人是否稍后再试。

⑤根据客人实际使用时间给予一定的折扣,尽量在不影响酒店正常收入的情况下,使收费和服务更加合理。

(11)发现异常客人长时间在商务中心闲坐时,怎么办?

答:①询问客人是否需要服务,委婉地告诉客人商务中心是营业场所,如要等人,请到大堂等候。

②如客人仍然不肯离开,并且出现异常举止,如长时间只看一页报纸,手里拿着东西捏,自言自语等,可立即通知大堂副理和保安部前来处理,如客人离开,要通知保安部监视跟踪。

(12)客人来电要求派车到机场接机时,怎么办?

答:①向客人了解飞机的航班号、预计落地时间、客人姓名、人数和行李数量,留存客人的联系电话。

②将派车接机的费用报与客人。

③在客人接受报价后,准备接机牌,并将了解到的信息传递给车务部司机,由车务部准时出车到机场接人。

④通知总台客人抵店的时间,由总台准备好《住宿登记表》、房卡、钥匙等,为向客人提供快速入住服务作好准备。

⑤在大堂等候,欢迎客人入住。

(13)耽误客人叫醒服务时,怎么办?

答:①马上补做叫醒服务。

②作好解释和道歉工作。

③若耽误客人行程,必要时做一定的补偿。

④若为团队提供叫醒服务,还应作好以下几点:

a.通知客房服务中心派服务员协助分工叫醒客人。

b.若客人已没有时间用餐,通知餐厅准备早餐供客人在路上食用。

c.通知总台快速结账。

d.跟司机作好协调,寻求共识和帮助。

(14)客人嫌房价太高,坚持要求较大的折扣,应如何处理?

答:首先做好解释,如介绍客房设施,使客人感到这一价格是物有所值的。并礼貌地告诉客人:"您今天享受的这一房价折扣,是我们首次破例的,房间设备好,而且这个价格是最优惠的。"如客人确实接受不了,可介绍房价稍低的客房给客人。

(15)客人发脾气骂你时,怎么办?

答:应保持冷静的情绪,绝对不能与客人争吵或谩骂,检查自己的工作是否有不足之处,等客人平静后再做婉言解释与道歉,若客人的怒气尚未平息,应及时向上级汇报,请领导解决。

(16)接到骚扰电话时,怎么办?

答:①有些来电以咨询业务为名,在此过程中逐渐暴露其来电的不良企图,你可以试着引导他切入正题,如果发现其对业务和服务毫无兴趣时,则可以巧妙中断电话。

②骚扰者认为最有成就感的事情,就是把被骚扰者弄得情绪失控,因此酒店员工必须学习如何以技巧应对,切忌勃然大怒。

③对于恶劣性骚扰或反复骚扰者的电话,提出警告或进行电话号码查询,必要时请相关部门协助处理。

(17)深夜,客人来电话抱怨隔壁的客人太吵,无法入睡时,怎么办?

答:首先向客人表示歉意,问清房号包括隔壁吵闹房间的房号,并安慰客人:"这样的事很快会得到解决的。"然后,通过电话礼貌劝告吵闹客人:"您好,打扰您了,夜已深了,其他住客都休息了,请把你们讲话的音量放低好吗? 以免影响其他客人的休息,谢谢合作!"若是来访客人,则告诉他们:"按规定来访时间已到,如果还有事的话,请到大堂酒吧再述;如果需要留宿,请另开房间。

(18)在办理入住登记中发现可疑客人时,怎么办?

答:要镇静自如,不能惊惶失措,按"内紧外松"的原则,将其安排在便于观察控制的区域住宿。尽快与有关部门联系,并在住宿单上做出特殊记号。报告

上司及保安部马上进行调查及布控,切不可让对方觉察出你在注意他,这样做容易打草惊蛇。

(19)曾经走单的客人要求入住时,怎么办?

答:首先,用提醒的口吻,礼貌地请客人付清欠款后再入住,如说:"对不起,上次您住某房,可能走得太匆忙,忘了结算费用,现在补交好吗?"并收取客人的消费保证金,然后,通知有关部门,密切注意此客动向,防止再次走单。

(20)客人要求代办事项时,怎么办?

答:为客人代办事项要做到"一准、二清、三及时",即:代办事项准,账目清、手续清;交办及时,送回及时,请示汇报及时。若经多方努力仍一时难以办妥,无法解决时,应向客人做好解释,表示歉意,必要时向领导汇报。

(21)当值时,客人有意缠着聊天,怎么办?

答:应迅速摆脱客人的有意纠缠,并暗示其他当值人员前来与客人搭腔,自己借故离开;或礼貌地告诉客人"对不起,我现在很忙",然后主动找一些工作做;在日常工作中掌握好对待客人的分寸,不要让客人产生不必要的误会。

(22)在服务中,心情欠佳时,怎么办?

答:服务员应时刻牢记,在岗位上的自我,是酒店的形象。应设法忘却自己的私事,控制及调节自己的情绪,把精神集中到工作中。热情、有礼、面带笑容地为客人提供服务,才是自己的职责与义务,任何时候都不能把自己的不良情绪带到工作岗位上来。

(23)当客人要求协助找回遗留在出租车上的物品时,怎么办?

答:①接到客人的求助后,为真正体现急客人之所急,应自信地告诉客人酒店会尽力帮助找回,请客人放心。

②向客人了解详细情况,如从何处上车、是否索取发票、是否记下出租车号码、是否记住司机特征、问清遗留物品名称数量,请客人留下联系电话,以便随时联系。

③立即向出租车行联系,迅速展开寻找工作。

(24)不是住店客人,请你向有预订但又未到达的客人转交物品时,怎么办?

答:应礼貌地告诉客人:"很抱歉,我们很难掌握预订客人的准确入住时间,请留下您的工作单位或电话号码,客人到达后,我们会马上告诉他(她)同您联系。"若属特殊情况,可做特殊处理。

(25)在淡季,想使客房拥有最高开房率与理想收费率时,怎么办?

答:应树立灵活经营的指导思想和主人翁责任感,确立房价折扣浮动的最低限度,扩大折扣范围;建立一个长期牢固的客源联系网,建立客人消费档案,发展

公关活动;对外联系,扩大宣传,提高知名度与美誉度;实行特惠与优惠价的营销策略,保持部分营业收入的相对稳定;掌握灵活的操作技巧与语言艺术,提供优质服务。

2.客房部常见疑难问题

(1)正在做卫生时客人返回房间,怎么办?

答:①停止手中工作,热情与客人打招呼。

②询问客人身份,如为房间主人,帮助客人插入取电牌以核对房匙;若为访客,应礼貌地请客人到大堂等候。

③询问客人是否方便继续打扫房间,如客人同意应尽快进行,以免影响其休息;否则就等客人再次外出时打扫或按客人要求的时间来打扫。

④离开房间时,应礼貌地说:"对不起,打扰了,再见。"并随手轻轻地将门关上。

(2)当客人对服务工作满意,赠送小费或小礼品时怎么办?

答:①感谢客人好意,说明这只是我们应该做的,请客人不必介意。

②客人执意要送,在婉拒无效的情况下,先收下礼品,再次感谢客人。

③按规定及时处理礼物和小费。

(3)在对客人服务中,什么情绪是最好的?

答:为了实现优质服务,服务员在工作中的情绪应保持快乐,接待客人时的情绪应给人一种精神饱满、工作熟练、态度安详的印象。遇到问题时保持沉着的情绪状态,这可以避免冒犯客人和心中出错,这是服务员在工作中应该保持的最佳状态,忧郁、焦虑、沮丧显然是不良的情绪状态,非常兴奋容易使人忘乎所以,也不能算是最佳状态。

(4)自动喷淋器损坏引起喷水,怎么办?

答:①听到喷淋系统报警后应立即报告监控室、保安部和客房部。

②迅速关闭喷淋主管阀。

③打开放水阀。

④逐间检查,确定损坏喷头的房间,采取措施及时修理。

(5)客人反映房间空调效果不好时,怎么办?

答:①首先检查开关是否开启,风口有无送风,如无动静则请电工维修。

②送风效果不佳,制冷制热温度不当,可能是送风开关调整档次不当,或管道堵塞。调整开关或报修。

③风力小,可能是由于回风口过滤网堵塞,或出风口叶片位置不当造成。需清洗或调整,如不能及时解决应帮客人换房。

(6)"绿色饭店"是当前酒店所提倡的新鲜事物,你该怎么办?

答:①人们把讲究环境保护的饭店称为"绿色饭店"。就是减少消耗,提倡资源的重复利用,以及避免使用污染环境的物质。

②楼面服务员应注意清洁剂的使用。

③讲究物品配备的方法,既保证客人需求,也注意增加物品的重复利用。收拾可回收的垃圾物品。

④节省用电和用水。

(7)在工作中遇到客人执意要与你聊天,你该怎么办?

答:应婉转地说明,自己要为客人服务,不占用您的时间,请客人回房间休息。然后去做楼面服务的工作(送开水、洗茶杯、拖大厅等),并请客人原谅。不能生硬的叫客人走开或流露出不高兴的神色。

(8)在工作中需要与客人使用同一部电梯时怎么办?

答:①非特殊批准,服务员不得乘坐客梯。

②工作需要时,应手按电梯门,示意客人先进;如果电梯内拥挤,应退后等候下部电梯,不可与客人抢搭同一部客梯。

③出电梯时应手按电梯开关,示意客人先出电梯。

(9)当来访客人找住店客人,而客人不在时,怎么办?

答:①未经住客同意,服务员不能将访客带入客房。

②如住客事先有交代,根据住客要求办。

③可请访客到咖啡厅或大堂等候,或留言留条,由服务员转交给客人。

④服务员态度要和蔼,语言应亲切,切不可冷淡怠慢来访客人,医为尊重访客就是尊敬住客。

(10)客人房间钥匙丢失了,怎么办?

答:马上检查丢失原因,及时寻找;确实找不到,应报告值班经理,修改电脑程序,更改 IC 卡密码,按规定程序更换钥匙,并做好登记手续。

(11)洗送客衣时,怎么办?

答:①按洗衣房规定的时间及时到楼层收集客人送洗衣物,并与楼层作好交接记录。

②洗烫完毕,与洗衣房收发员认真核对;领回衣物,送至楼层,由服务员签收后交还客人。

③由楼面服务员按收据将洗衣费记在账单中,签字后由总台统一结账。

④运送过程中,注意保管,保持衣物平整、挺括、无褶皱。

⑤发现洗涤有问题,及时报告,送洗衣房重新处理,以免客人投诉。

（12）**遇到无礼型客人时，怎么办？**

答：这种客人不易和别人交往，个人观念很强，发生矛盾后往往恶语伤人，或有失礼的动作，服务员不要与之计较，尽量按他们要求完成接待服务，保持冷静，不与其发生冲突。

（13）**客人有事叫服务员进房间时，怎么办？**

答：①应及时赶到房间，按进门规范进入房间，但不要关上房间门。

②客人让座时要表示谢意，但不宜坐下。

③听从客人吩咐时，站立姿势要端正，神情应专注，服务完毕后立即离开，并轻轻关上房门。

④如果深夜客人打电话叫女服务员进房时，应在电话中问清事由，并请同事前往（或改为男服务员前往）。

（14）**连续几天空房后，出售该房间前应该怎么办？**

答：①开窗，通风换气。

②用干净抹布擦拭家具设备和家具的浮尘。

③将浴室里所有的水龙头打开，将水放至清水为止。

（15）**客人将房间钥匙遗留在房间内，叫服务员为其开门时，怎么办？**

答：客人不慎将房门钥匙遗留在房间内，服务员应查看其住宿登记和住客的有效证件，确属该房间住客本人，可为其开门。如无任何证件，可根据客人口述情况确认无误后，方可开门，并将开房情况记录在册。

（16）**要在客房消灭虫害时，怎么办？**

答：消灭虫害是指消灭饭店的蚊子、苍蝇、蟑螂、蚂蚁、老鼠等。要定期喷洒杀虫剂，按说明比例配置杀虫剂，以保证杀虫效果。虫害的滋生地，如：地毯下、床下、墙角、卫生间，应注意施放药物进行扑杀，被杀灭的害虫应及时清除干净。对老鼠经常出没的地方应堵塞洞口，防止其进入房间。

（17）**对大理石地面进行清洁和保养时，怎么办？**

答：①大理石地面必须用中性清洁剂清洗，不能用碱、漂白粉、擦锈粉或油性清洁物清洁。

②尽量在深夜操作。清洁时，放置"小心地滑"的标志，防止客人滑倒受伤。

③用水刷洗地面脏物后用干拖把拖干，待完全干净后，涂上一层白色不易打滑的保护剂（稀白蜡水），然后抛光刷亮。

（18）**洗送楼面布草，怎么办？**

答：每天逐层收取换下的脏布草，再换送干净布草到楼层。认真负责地清点数量和种类，如发现破损现象，应及时提醒楼面领班报废；发现布草周转不畅，查

清原因,及时调整。

(19)维护大堂及大门周围地域的清洁,怎么办?

答:①大堂及大门周围地域日常清洁维护,应保持地面无烟头、杂物、纸屑。

②在深夜或清晨客人稀少时,用水冲洗车道上的泥沙污渍。

③门前地毯下的区域要每日清扫,地毯定期换洗,定期更换。

④清洗工作时放置告示牌,保证员工和客人的安全。

(20)遇到客人不慎滑倒摔伤,怎么办?

答:①切实做好防范工作,及时安放警示牌,检查扶手,加强防滑设施用品的配备。防患于未然。

②客人在宾馆内滑倒摔伤,服务员应主动帮助。轻者联系医生上门治疗,重者送医院治疗。

③派人前往医院慰问病人,并及时通知受伤客人家属。

④根据客人投保情况,联系保险公办理理赔业务。

(21)要保持客梯清洁或运载正常运行,怎么办?

答:①员工一般不准乘坐客用电梯,特殊情况须经部门经理批准。

②运送行李、布草时,应乘工作电梯。同时注意不随意碰撞电梯门和轿门等装置。

③当电梯发生故障时,严禁违规操作,应及时与机房联系,等电梯工救援和检修。

④每日三次定时清洁客梯。墙面、镜面、广告牌、电话、扶手、地面、顶板、厅门、电梯门轨道间隙等应精查细抹,保持电梯光洁明亮。

⑤发现电梯内有烟头、纸屑,赃物应随时清洁,保持干净。

(22)几个房间同时需要查房时,怎么办?

答:服务员接到呼叫后应迅速查房,并在2分钟内将结果报结账中心。当房间太多忙不过来时,应通知相关人员协助。发现有服务项目未付费的,立即报告结账中心。特殊情况应立即通知结账处留住客人。

(23)因房间设备问题使客人受伤时,怎么办?

答:①向客人道歉,安慰客人。

②及时请医生为客人免费治疗。

③向上级汇报。

④请有关领导向客人致歉。

⑤对房间设施进行彻底检修,查明事故发生原因,及时处理,吸取教训,防止类似事件再次发生。

(24)发现客人在房间里被害时,怎么办?

答:①保持冷静,不要惊慌,不要惊叫。

②注意保护好现场,不要在房间内乱走动,不要乱翻、乱摸房间内的任何物品,包括门把手。

③立即通知保安人员、部门经理和总经理。

④不准向酒店员工和客人扩散消息,注意维持正常的工作秩序。

⑤提供一切可能,竭力支持,配合做好侦破工作。

3.餐饮部常见疑难问题

(1)发现不同客人订了同一个宴会厅,怎么办?

答:①按预订时间先后次序安排。

②对不能安排者,按订单联络电话号码迅速与对方取得联系,向对方讲明原因。诚恳地向客人道歉,以期得到客人的谅解。向客人推介另外的宴会厅,征得客人同意后再安排。

③可免费赠送一道菜或一份果盘,以表歉意。

(2)如何接待年幼的客人?

答:①对年幼的小客人要耐心、愉快地照应。有幼儿时,可搬儿童椅给他就座,不要把小孩安排在过道边的座位上。

②把调料瓶等易碎的物品移到小孩够不着的地方,不要在小孩面前摆放刀叉、热水,以防不测。

③可先给客人介绍孩子喜欢的小吃,让小孩吃着,再进行其他服务。如有儿童菜单,请小孩的父母为他点菜。

④不要把小朋友的饮料杯斟得太满,最好为他配好吸管。

⑤如果小朋友在过道上玩耍,或者打扰其他客人,及时向他的父母建议,让他们坐回原位,以免发生意外。

⑥若非熟悉,不要抱逗小孩,或抚摸小孩头部。不征得其父母同意,不要随便给小孩吃东西。

(3)客人在餐厅喝醉酒了,怎么办?

答:①确定客人是否确已喝醉,然后决定是否继续供应含酒精的饮料。

②发现客人的确喝醉,应礼貌地告诉其同伴客人,不可以再向其提供含酒精饮料,同时要上点清口、醒酒的食品或饮品,更加耐心细致地做好服务。

③如果客人出现呕吐等情况,服务员应及时送上漱口水、湿毛巾,并迅速清理污物,切不可表示出厌恶情绪。

④如果醉客没有同伴,通知保安部陪同客人离开。

⑤如果发现餐厅被损坏,应对同桌的清醒者讲明,要求赔偿。

⑥将事故处理结果记录在工作日记上。

(4)客人在就餐过程中突然停电了,怎么办?

答:①服务员要保持镇静,先向客人道歉,并立即开启应急灯,有条件者应为客人餐桌点燃备用蜡烛,缓解客人不安情绪。

②了解停电原因,向客人做出解释,并再次表示歉意。

③对强烈不满的客人,通知领班、主管灵活解决,但不要离台,以防止客人逃账。

④平时将餐厅的备用蜡烛,放在固定的位置,以便取用方便。

(5)客人在餐厅中损坏了餐具,怎么办?

答:①要马上收拾干净破损的餐具。

②对客人的失误表示同情,关切地询问客人有无碰伤并采取相应的措施。

③不要指责或批评客人,使客人难堪。

④用恰当方式告诉客人赔偿的数额,并通知吧台结账时一并收取。

(6)对着急用餐的客人,怎么办?

答:①给客人介绍烹饪简单、快捷的菜式品种,也可向客人推荐套餐,尽量避免推荐点菜。

②亲自到厨房(或通知领班、主管)和厨师长联系安排,请厨师先做,同时在菜单上写上"加快"字样,同时请传菜员密切配合,做好接待工作。

③服务要快捷、灵敏,同时主动询问客人,尽量满足客人的要求。

④预先备好账单,缩短客人结账时间。

(7)餐厅营业结束的时间快到了,仍有客人来就餐,怎么办?

答:①要更加热情,不得有任何不耐烦、不高兴的表情。

②先请客人入座,然后和厨房联系,联系后再为客人介绍简单、快捷的菜品。

③不得以关门、做清洁卫生等方式催促客人。

(8)发现未付款的客人离开餐厅时,怎么办?

答:①服务员应马上追上,礼貌地告诉客人吧台收银的位置,如:"先生,您是要买单吗? 这边请。"如客人仍不理会,可把他领到离他朋友较远的地方,小声说明情况,请客人付清餐费。

②要注意礼貌,不能粗声粗气地质问客人,以免客人反感,给工作带来更大麻烦。

(9)客人点了菜单上没有的菜品时,怎么办?

答:客人点了菜单上没有的菜品时,要向厨房师傅了解能否制作,如有可能,

尽量满足客人要求,如不能制作,要向客人解释,请客人改菜。

(10)客人要向服务员敬酒,怎么办?

答:①表示致谢,并婉言谢绝,向客人说明工作时间不允许喝酒。

②要主动地为其服务,如撤餐具、加茶水等避开客人的注意力,不致使其难堪,或借故为其他客人服务。

③如确实难于推辞,应先接过来,告知客人工作结束后再饮,然后换个酒杯斟满后给客人,同时表示谢意。

(11)给客人上错了菜,引起客人的极大不快,怎么办?

答:①应先表示歉意,若客人还没动筷,应及时撤掉,端到厨房核实,及时上客人点好的菜。

②若客人已经开始吃,则不必再撤,同时不能收费,也可视情况,婉转地说服客人买下,若客人执意不肯,上报主管后作为赠送菜。

(12)在服务中,因操作不当,弄脏客人衣服(物),怎么办?

答:①先诚恳地向客人道歉,并赶快用干净毛巾帮客人擦掉(如果是女士,让女服务员为其擦拭),服务中要多关注这位客人,以弥补自己的过失。

②不可强词夺理,推卸责任。应及时上报领班、主管,必要时也可让领导出面道歉,以示对客人的尊重。

③征询客人的意见,帮助客人清洗衣服,洗干净后按地址送回,并再次道歉。若客人原谅,要表示谢意。

(13)客人点的菜已售完,怎么办?

答:①先向客人表示歉意,请客人谅解;并欢迎客人改日光临品尝。

②向客人推荐本餐厅的其他菜肴,认真地向客人介绍菜的成分、烹饪方法、口味特点等。

③向客人推荐烹制、口味相近的菜点。

(14)客人对菜肴质量不满,怎么办?

答:①重新加工:如口味偏淡、成熟度不够等,服务员应对客人说:"请稍候,让厨师再给您加工一下。"

②换菜:若客人对菜肴原料的变质或烹饪的严重失误提出责疑,服务员应向主管汇报,由主管出面表示关注与致歉,并应维护餐厅形象。可以说:"十分抱歉,这是我们的一个失误,以后不会发生的,我立即让厨房给您换菜,一定令您满意。"并指示服务员给客人加菜,以求诚心慰问。

③价格折扣:若客人在结账时,提出菜肴质量问题,又是情况属实,一般可给予价格上的适当折扣。

（15）客人认为不是他所点的菜时，怎么办？

答：①细心听取客人的看法，明确客人所要的是什么样的菜。

②若是因点菜员理解错误或未听清楚所造成，应马上为客人重新制作，并向客人道歉。

③若是因客人理解错误造成，应耐心向客人解释，并介绍菜品的制作方法、原料、配料和口味等特征。

（16）客人结账时，认为价格不合理，怎么办？

答：①应耐心替客人对账，向客人解释账单上的收费。

②若是常客，可请示上司给予适当的优惠。

③待客人结账后，有礼貌地向客人表示感谢。

（17）在宴会开始前才知道个别客人有禁忌，怎么办？

答：①立即征求宴会主办单位负责人的意见，是否另外准备一些特别的菜式，避免冒犯客人的禁忌。

②征得同意后，尽快为客人做好安排。

③上菜时对此客人应多加关心。

（18）宴会进行中，客人提出要增加菜肴，怎么办？

答：①详细询问要增加的菜品、数量，记录好后与厨房联系。

②若能制作，则尽可能满足客人需要；若不能制作，则为客人介绍其他制作时间短的菜肴。

③加菜费用记入结账单一起结算。

（19）两桌客人同时需要服务，怎么办？

答：①服务员要坚持热情、迅速、周到的原则，既要面面俱到，又要忙而不乱。

②要做到一招呼、二示意、三服务。

③给客人应答"马上就到""请稍等一会儿"等。

（20）如有外来的人员寻找正在餐厅就餐的客人，怎么办？

答：①先问清来人的姓名、单位，然后请他稍等。

②到餐厅告知就餐客人，同意后引领客人见面。

③如就餐客人不愿见面，则婉转告知访客，没有找到，请其到别处寻找。

（21）在餐厅服务中，客人对你言行、举止不逊时，怎么办？

答：①不与客人争执，不与客人冲突。

②根据事实情况采取相应措施：

a.客人无理取闹，请上级主管或保安出面解决。

b.客人受到不礼貌的待遇，应向客人道歉，并尽快满足客人的合理要求。

c.尽量做到使客人离开时不再有怨言。

(22)住店客人要求餐厅帮他代订其他餐厅的餐饮,怎么办?

答:①热情推荐本酒店的餐厅,介绍服务特色、营业时间、特色菜肴等情况。

②若客人接受本店方案,则立即向餐饮预订部报告;若客人坚持外出用餐,则问清用餐人数、餐费标准、就餐时间、支付方式和特别要求为其代办业务。

(23)客人在餐厅用餐后,私下拿走了餐厅的餐具,怎么办?

答:①委婉地提示客人。

②如果客人无反应,应向其解释餐厅里的餐具是不出售的,请客人谅解(切忌直言客人私自拿了餐具)。

③可介绍客人到售出商店购买。

(24)衣冠不整的客人到餐厅用餐,怎么办?

答:①礼貌地向客人解释酒店的规定。

②建议客人穿戴整齐,若客人同意,可替其订好座位。

③如客人不接受,无理取闹,通知保安部处理。

附录2　世界著名企业的服务规范

日本松下公司服务行为规范

日本松下公司为了向用户提供良好的服务,制订了以下的服务规范:

①销售是为社会人类服务,获得利润是当然之报酬。

②对顾客不可怒目而视,亦不可有讨厌的心情。

③注意门面的大小,不如注意环境是否良好;注意环境是否良好,不如注意商品是否良好。

④货架漂亮,生意不见得好;小店中虽较杂乱,但是顾客方便,反而会有好生意。

⑤对顾客应视如亲戚,有无感情,决定商店的兴衰。

⑥销售前的奉承,不如销售后的服务,只有如此,才能得到永久的顾客。

⑦顾客的批评应视为神圣的意见,任何批评意见都应乐于接受。

⑧奖金缺少不足虑,信用不佳最为堪忧。

⑨进货要简单,能安心简单地进货,为繁荣昌盛之道。

⑩应对一元钱的顾客同于百元钱的顾客,一视同仁是商店繁荣的根本。

⑪不可强行推销,不可只卖顾客喜好之物,要卖顾客有益之物。

⑫奖金周转次数要增多,百元奖金周转10次,则成千元。

⑬在顾客面前责备小职工,并非取悦顾客的好手段。

⑭销售优良的产品自然好,将优良的产品宣传推广而扩大销售更好。

⑮应具有"如无自己推销贩卖,则社会经济不能正常运转"的自信。

⑯对批发商要亲切,就可以将正当的要求无所顾虑地向其提出。

⑰一张纸当作赠品,就可得到顾客的高兴。如果没有随赠之物,笑颜也是最好的赠品。

⑱为公司操劳的同时要为员工的福利操劳。可用待遇或其他方法来表达。

⑲用不断变化的陈列(橱窗),吸引顾客止步,也是一种方法。

⑳即便是一张纸,若随意浪费,也会提高商品价格。

㉑缺货是商店不留心。道歉之后,应询问顾客的地址,并马上取来送到顾客处。

㉒言不二价,随意减价反会落得商品不良的印象。

㉓儿童是福禄财神,带着儿童的顾客,是为了给孩子买东西,应特别注意。

㉔时时应想到今天的盈亏,养成今天盈亏不明则无法入睡的习惯。

㉕要赢得"这是××公司的产品"的信誉和赞誉。

㉖询问顾客要买何物,要出示一二种商品,并为公司宣传广告。

㉗店铺应造成热烈气氛,具有兴致勃勃工作、欣欣向荣表情和态度的商店,自然会招徕大批顾客。

㉘每日报纸广告要通览无遗,有人订货可自己尚且不知,乃商人之耻。

㉙对商人而言,没有繁荣萧条之别,无论如何必须要赚钱。

沃尔玛的零售服务准则

沃尔玛创始人山姆·沃尔顿曾多次说过,卓越的顾客服务是我们区别于所有其他公司的特色所在。他说:"向顾客提供他们需要的东西,并且再多一点服务,让他们知道你重视他们。在错误中吸取教训,不要找任何借口,而应向顾客道歉。无论做什么,都应礼让三分。我曾经在第一块沃尔玛招牌上写下了最重要的4个字——保证满意。"

顾客才是真正的老板

所有同事都是在为购买我们商品的顾客工作。事实上,顾客能够解雇我们公司的每一个人。他们只需到其他地方去花钱,就可做到这一点。衡量我们成功与否的重要的标准就是看我们让顾客——"我们的老板"满意的程度。让我们都来支持盛情服务的方式,每天都让我们的顾客百分之百地满意而归。

保证满意

简单地讲,保证满意意味着竭尽所能让您满意。修理、换货或退款时,对您说声谢谢并笑脸相迎。您是沃尔玛的生计所在,沃尔玛人的工作就是满足您的需求并且超出您的期望,使您感觉到您是我们生意中最重要的部分。

超出顾客的期望。这样,他们才会不断光顾。向顾客提供他们需要的东西,并且再多一点服务。

日落原则

这条规则说明,所有沃尔玛的员工都应该在收到顾客、供应商或其他员工的电话的当天日落之前,对这些电话作出答复。这正是沃尔玛对顾客承诺的一个例子。迅速回应您,表明我们关心您。我们不一定要在日落之前解决每一个问题或者完成每一项任务,但我们应与您保持联络,这体现了我们公司的一条基本

原则,即我们关心顾客。

盛情服务

满足您的需求且超出您的期望的方法之一就是采取盛情服务。例如,当您询问我们的员工某种商品在哪里时:

告诉您商品陈列在哪个部分,可满足您的需求。

将您带到该商品处,则超出了您的期望。

我们鼓励员工做到:当您步入我们的商场时,要使您感觉到您是受欢迎的。我们聘用那些愿意向顾客微笑并看着顾客的眼睛,向离自己三米之内的每一个人打招呼的员工,这就是我们所说的"三米微笑原则"。我们还将尽可能叫出你们的名字。

"迎宾员"这一方案是我们盛情服务的一个例子,并已经成为一种趋势。"迎宾员"具有独特的职责,就是当您走进沃尔玛商场时,向您表示欢迎。迎宾员的职责包括为您推出购物车,微笑,并且让您知道我们很高兴您光临沃尔玛。

感谢光临!

感谢您光临沃尔玛商场。我们非常荣幸能够为您提供服务。我们会不断努力提高我们的服务质量,满足您的需求,超越您的期望。同时希望您提出宝贵建议。

假如您未曾到过我们的商场,我们在此诚挚相邀,并期待您的光临!

顾客服务原则

第一条,顾客永远是对的。

第二条,如果对此有疑义,请参照第一条执行。

麦当劳的服务理念

服务目的

服务目的是通过提供 100% 的顾客满意,增加回头客,提升营业额,增加利润。即使那些带着不愉快心情来到我们餐厅的顾客,也要让他们"不愉快而来,满意而走"。

服务标准

①提供热辣、新鲜的产品。

②提供快捷、准确的服务,可靠、热心、朋友般的服务,超出期望、印象深刻的服务,使顾客获得一种愉快的就餐体验。

③顾客等候时间:顾客加入排队行列至开始点膳时间,规定不超过4分钟。

④顾客接受服务时间:顾客接受点膳开始至欢迎再次光临时间,规定不超过2分钟。

⑤有效、快捷地处理顾客的投诉。

服务政策

麦当劳为了保证服务质量,制订了7项服务政策。

①QSC+V(品质、服务、卫生+价值)。

②TLC(Tender,Loving,Care,细心、爱心、关心)。

③Customers be First(顾客永远第一)

④Dynamic,Young,Exciting(活力、年轻、激动)。

⑤Right Now and No Excuse Business(立刻动手,做事没有借口)。

⑥Keep Professional Attitude(保持专业态度)。

⑦Up To You(一切取决于你)。

服务程序

(1)大门口有员工"欢迎光临×××餐厅"和"先生,慢走,欢迎再次光临",一定要微笑、热情、大方。如果是下雨天,门口有员工专门为顾客的雨伞配上塑料套。

(2)柜台服务员对走向柜台点膳的顾客大声说:"欢迎光临。"

(3)接受点膳。

①询问、建议(诱导)销售。一方面要设身处地为顾客着想,询问清楚,例如,您在这吃还是外带? 另一方面也要抓住时机增加销售额,不放过促销机会,例如:再来一大杯可乐吗?

②重复所点内容(特别是当产品较多,记不太清楚的情况下)。

③收银机键入所点内容。

④告知顾客款数。

(4)收集产品

①按一定顺序:奶昔—冷饮—热饮—汉堡—派—薯条—圣代。

②按一定方向放置:标志朝向顾客,薯条靠在包上。

③手不能碰到产品,产品也不能摆出餐架。

④切记,在营业高峰时,柜台员工一定要小跑步,以加快服务速度。

⑤缩短走动路线,争取一次拿几份产品。

⑥注意沟通:需要什么产品,已拿走什么产品,及时通报,特别是特殊点膳。

⑦注意保持产品原形,包装得体。

⑧保质保量。产品在保存期内,薯条要满盒满袋。

⑨配好纸巾、调料。

(5)呈递产品

①双手把产品递给顾客,并说:"先生,这是您点的产品,请看是否正确。"并再次报价。

②如果有误,请立即改正,不需与顾客论理。

③如果顾客要改订产品,请立即满足。如改订影响成本时,可稍微与顾客解释一下,万一顾客坚持改订,必须给予满足。

(6)收款

①接款,并说出面值。

②验钞。

③入机,打开抽屉。

④把大钞放入底层,关闭抽屉。

(7)欢迎再次光临

①祝他用餐愉快,或说"请慢用,欢迎下次光顾。"

②立即迎接下一位顾客,重复同样程序。

服务要领

(1)服务注意事项

①仪容仪表、服装(包括袜或鞋)整齐,不留长发、长指甲。

②始终注意微笑,热情大方,亲切,自然。

③与顾客目光接触。

④柜台小跑步,精神焕发,创造积极气氛。

(2)处理特殊服务

①小孩:把小孩当大人一样尊重。

②老人:帮助开门,拿餐盘等。

③父母带幼儿:帮助他们拿餐盘和高脚椅。

④特殊点膳客人:高兴地满足其要求。不必单独加工,可以和其他产品在同一炉加工,但在调理时要区分。

⑤残疾顾客:帮助开门,拿餐盘,扶持上座。

(3)服务顾客戒律(观念)

①顾客不是我们斗智和争论的对象。

②顾客有权享受我们所能给予的最优秀、最真诚的服务。

③顾客有权要求我们的员工具有整齐清洁的仪表。

④顾客告诉我们他们的要求,我们的职责就是满足他们的要求。

⑤顾客是我们生意的一部分,不是局外人。

⑥顾客的光临是我们的荣誉,不要认为是我们给予他们恩惠。

⑦顾客的光临没有影响我们的工作而是我们工作的目的。

⑧顾客不依赖于我们,而是我们依赖他们而生存。

⑨顾客是我们工作的目标,我们永远不能阻碍这个目标。

⑩顾客不是枯燥的统计数字,而是和我们一样生机勃勃、有血有肉有情感的人。

日本东京帝国酒店的 10 条服务准则

①亲切、礼貌、迅捷。这三者是我们历史的也是将来的信条。

②协作。每个从业人员既是所属部门的一员,也是酒店大家庭的一切。齐心协力地致力于提供完善的服务。

③礼仪。礼仪是人心灵的体现,是酒店的品位。

④保健。每个人养成良好的卫生习惯、努力增强自己的健康体质。

⑤清洁。是酒店的生命。在酒店内无须赘言,也要留意自己周围环境的整洁干净。

⑥节约。即使一张纸也不可随意浪费。严格禁止将公物挪为己用。

⑦研究。不仅是对自己所承担的工作,还要研究顾客的兴趣、爱好。

⑧记忆。努力迅速地记好宾客的相貌和名字。

⑨尊敬。谨慎注意不在宾客面前窃窃私语、嬉笑和注视客人的装束。

⑩感谢。始终不可忘记"谢谢"这句表达谢意的语言。

海尔的服务观

先卖信誉　后卖产品

质量是产品的生命,信誉是企业的根本,产品合格不是标准,用户满意才是目的。营销不是"卖"而是"买",是通过销售产品的环节树立产品美誉度,"买"到用户忠诚的心。

浮船法

只要比竞争对手高一筹,"半筹"也行,只要保持高于竞争对手的水平,就能掌握市场主动权。

只有淡季的思想，没有淡季的市场

海尔认为企业的经营目标应紧贴市场，最重要的是开发市场，创造市场，从而引导消费来领先市场。

市场不变的法则是永远在变

我们要根据永远在变的市场不断提高目标。

创造感动

创造感动，就是对工作充满激情；就是不断满足用户个性化需求；就是用"心"工作，对产品用心，对用户用心。海尔人一直在创造感动，正如国际著名咨询公司兰德公司专家所言："在海尔国际化进程中，一定会以一个不断创造感动、极具凝聚力和创新变革的品牌形象，启动美好未来！"

用户永远是对的

1995 年，海尔提出"星级服务"，宗旨是：用户永远是对的。即用户就是衣食父母，只要能够不断给用户提供最满意的产品和服务，用户就会给企业带来最好的效益。

市场的难题就是我们创新的课题

"创造市场"的内涵是并不局限于在现有的市场中争份额，而是以自己的优势另外创造新的市场。企业要善于重做"一块蛋糕"，通过创造新市场，引导消费来领先市场。

紧盯市场创美誉

紧盯市场的变化，甚至要在市场变化之前发现用户的需求，用最快的速度满足甚至超出用户的需求，创造美誉。

绝不对市场说"不"

这里的"市场"指的是广义的市场，无论你在生产线还是营销公司，在服务岗位还是警卫，你的岗位就是你的市场。你都要做到绝不对市场说"不"，让所有的用户满意。

用户的抱怨是最好的礼物

用户抱怨的内容，正是我们工作改善的方向；如果能及时消除这些抱怨，就是真正增加了企业的资产。

顾客买一件商品，看中的是商品的功能、服务会给自己带来便利和享受；如果不能如愿，那么投诉和抱怨也就在所难免了。根据顾客的抱怨不断改善工作，是真正增加了企业的资产。从狭义上看，企业的资产是厂房、设备、资金等硬件。但从广义上看，企业永恒的资产是指那些忠诚于本企业品牌的顾客，谁拥有更多的忠诚顾客，谁就拥有了更多的资产。反之，不仅失去了市场，资产也会成为负

债,以至资不抵债、破产。

您的满意就是我们的工作标准

在海尔,技术检验合格的产品不一定是合格产品,只有用户满意的产品才是合格的产品。因为用户不满意,产品卖不出去,企业就没有利润可言。所以,用户的满意就是海尔的工作标准,不能对用户说"不"。

对内"一票到底",对外"一站到位"

海尔在流程再造中为给用户带来更多的满意而实行了"一票到底"的流程,以实现"一站到位"的服务。"一站到位式服务"即只找一个 SUB 就可解决用户全部需求的服务。"一票到底"即为完成一个订单,由一个 SUB 自始至终负责全过程的流程整合。

核心竞争力就是获取客户和用户资源的超常能力

核心竞争能力并不在于你必须有一个零部件,更多意味着你有没有抓住市场用户的资源,能不能获得用户对你的企业的忠诚度。如果能,那就是市场竞争力,核心竞争力。

因此,海尔的核心竞争力就是获取客户和用户资源的超常能力。

附录3 著名企业的服务理念

第一条,顾客永远是对的;第二条,如果对此有疑义,请参照第一条执行。

——沃尔玛

真正成功的解决方案总是按照客户的特殊需求而定制的。

——西门子

以极大的热情全力以赴地推动客户成功。永远保持对客户有感染力的影响。

——GE

成就服务典范,追求永无止境。

——德国大众

以顾客为本:认真对待每一位顾客,一次只烹调顾客那一杯咖啡。

——星巴克

如果只关注现在所提供的服务,将不会有任何的进步。

——联邦快递

我们的员工对其从事的事业充满激情,对为我们的客户提供服务充满激情。

——DHL

核心竞争能力并不在于你必须有一个零部件,更多意味着你有没有抓住市场用户的资源,能不能获得用户对你的企业的忠诚度。如果能,那就是市场竞争力,核心竞争力。

——海尔

我们的成功源自于不懈地帮助客户提高生产力,提升生活品质。

——联想

附录4　著名企业人士的服务理念

IBM 意即服务。服务的声誉是公司的主要资产之一。

——IBM 第二代领导人小托马斯·沃森

诺言之所以能成为力量,是因为守信用。

——松下幸之助

你今天微笑了吗?

——希尔顿

小事成就大事。细节成就完美。

——惠普创始人戴维·帕卡德

没有商品这样东西,顾客真正购买的不是商品,而是解决问题的方法。

——哈佛大学教授、营销学专家特德·莱维特

公司不能保证你的饭碗。只有顾客满意,才能保住饭碗。

——杰克·韦尔奇

没有十全十美的产品,但有百分之百的服务。

——张瑞敏

我认为最好的服务是不需要服务,最难的地方是要用心去服务,但是绝大多数人是用嘴巴去服务。

——阿里巴巴公司董事局主席兼首席执行官马云

将心比心,把自己摆在顾客的位置上来考虑问题。

——麦当劳创始人克罗克

无论处在哪一行业,实际上所有的优秀公司都把自己定义为服务性企业。

——管理大师汤姆·披德斯

附录5　酒店服务理念精选

1.要改变,就要先改变自己。

For things to change, I must change first.

可惜世人大多只会抱怨同事、下属、上司、客人、企业、大环境,希望等到他们改变了,自己的命运才会改变。改变自己,才有可能改变周遭的一切。如果自己也改变了,但环境还是不变,那只能说明你改变得还远远不够。

2.从我做起。If it is To Be, it is Up to Me.

做好自己的本职工作,学好专业本领,主动与别人沟通,做最好的自己。

3.你就代表酒店,因为你是帮助客人满足其需求的人。

You are the hotel… because you are the person who is going to help fill his or her needs.

任何员工都是酒店的形象代言人,你的一言一行都在客人眼中,心中。

4.每一次接触客人都是今天的第一次。

Every call is the first call of the day.

第一印象决定一切,今天最后一个客人也需要你用心给他留下最美好的第一印象。

5.如果你不是为客人服务,那么你是在为客人服务的人服务。

If you are not serving the customer, your job is to serve somebody who is.

后台岗位虽不直接接触客人,但通过对一线员工提供良好的服务和支援,也是在为客人服务,所以应该跟一线员工一样严格要求,甚至更严些。要想一线好,二线必须更好才行。

6.成功之道:总是做得比期望的多一点点。

Simple rule for success, Walk the Extra Mile. (Always do what is required PLUS a bit more.)

这一点似乎不必解释,问题只有一个:你真的知道客人的期望吗? 试着说出来吧,看看你能否满足。

7.客人对与错并不重要,重要的是他们的感觉。

It doesn't matter whether the customer is right or wrong. It matters how they feel.

我们往往只会纠缠于客人的对错,忘记了他们的感觉。

8.客人也许并不总是正确的,但是他们应该得到正确的对待。

The customer may not always be right, but they should be treated right.

站在我们的角度看,其实客人大多数时候并不正确,要求也过于无理,只是客人永远只会站在客人的角度,不大会站在我们的角度。

9.小事会影响客人的感受。It's the little things that matters.

影响客人感受的基本都是小事,少有大事,我们的工作就是做好无数的小事而已。

10.小事也要力求完美。Do ordinary things extraordinary well.

小事做好了,自然就完美了。

11.在英文中生气与危险仅差一个字母。

Anger is one letter away from danger.

跟客人生气时,离危险就不远了。

12.客人是通过我们说什么、怎么说、做什么来判断我们的。

Our customers judge us by, What we say, How we say, What we do.

说话的内容、方式和作为恰当与否。

13.要从错误中吸取教训,不要重复错误。

Learn from your mistakes, but never repeat them.

重复错误和犯低级错误是我们共同的缺点。

14.要像恒温器,不要像温度计。

Be a thermostat not a thermometer.

恒温器会自我调节温度,无论环境的变化,代表主动积极的人。温度计的数字则取决于环境,代表消极被动的人。

15.好的感受来自于好的态度。

A happy experence begins with attitude.

态度决定成败。

16.所提供的服务要比所承诺的好。

Under promise but over deliver.

承诺100分,服务120分。

17.做你所擅长的并且每天都要做得更好些。

Do what you do well, and do it better every day.

似乎不用解释。

18.每天我会变好也会变坏,这完全取决于我自己。

Each day I either get better or worse. The choice is mine.

似乎也不用解释。

19.警告:客人极易消失。

Warning，Customers are perishiable.

要让一个客人消失,得罪他一次就够了,不用两次。

20.苛刻的客人比没有客人强。

No customer can be worse than hard customer.

我们面对的众多客人中除了苛刻的以外,剩下的就没有什么人了。

[1] 贾安庭,彭青.现代酒店员工培训教材[M].广州:广东人民出版社,1998.

[2] 邓永中.服务意识·优秀员工的必修课[M].广州:广东经济出版社,2004.

[3] 漆浩,刘硕,刘志伟.服务员特训教程[M].北京:中国盲文出版社,2003.

[4] 宋豫书.服务精神[M].北京:中国纺织出版社,2006.

[5] 王东方.卓越服务[M].北京:中国发展出版社,2006.

[6] 谷慧敏,秦宇.世界著名饭店集团管理精要[M].沈阳:辽宁科学技术出版社,2001.

[7] 孟天广.向世界顶级酒店学服务[M].北京:中国水利水电出版社,2007.

[8] 张广瑞.世界旅馆旅馆世界[M].北京:中国经济出版社,1991.

[9] 谢民,何喜刚.餐厅服务与管理[M].北京:清华大学出版社;北京交通大学出版社,2006.

[10] 东方酒店管理有限公司.前厅实务与特色服务手册[M].北京:中国旅游出版社,2005.

[11] 东方酒店管理有限公司.客房实务与特色服务手册[M].北京:中国旅游出版社,2005.

[12] 彭建军.酒店顾客抱怨管理[M].广州:广东旅游出版社,2005.

[13] 李焕.餐饮服务员培训手册[M].北京:中国纺织出版社,2007.

[14] 李柠.现代职业礼仪[M].武汉:武汉出版社,2001.

[15] 吴保华.礼貌礼节[M].北京:高等教育出版社,2003.

[16] 沈建龙.餐饮经营管理实务[M].北京:中国人民大学出版社,2003.

[17] 艾静超.酒店行业员工服务意识提高的对策研究[J].全国商情理论研究,2011(7).

[18] 陈保霞.增强酒店员工服务意识的研究[J].旅游纵览月刊,2013.

[19] 张莉莉.基于酒店员工服务意识的现状论提高酒店竞争力的对策[J].经济研究导刊,2015.